고전으로 읽는 성서
마태복음서

※ 이 저서는 2019년 대한민국 교육부와 한국연구재단의 지원을 받아 수행된 연구임.
(NRF-2019S1A5C2A04083293)

EBS CLASS ⓔ

고 전 으 로 읽 는 성 서

마태복음서

김학철 지음

EBS BOOKS

EBS에서 기독교 성서로 강의 프로그램을 만들자는 제안을 했을 때, 저는 그것을 이내 수락했습니다. 기독교 성서를 전공하고 이에 관해 여러 편의 책과 논문을 냈지만 이후 저는 기독교를 교양교육으로 가르치는 일을 주로 했습니다. 이 일은 제가 이 사회에 이바지하는 일이라고 여겨 사명감을 가지고 있습니다. 하여 EBS의 제안은 제가 거절하지 못할 책무라 여겼습니다.

이 책은 「마태복음서」라는 기독교 성서 중 한 권의 책을 교양인에게 해설하려는 목적으로 진행한 총 열 번의 강의를 풀어놓은 것입니다. 강의의 현장감을 살리려 책에 구어체를 유지했습니다. 저는 「마태복음서」를 기독교인만이 읽기에는 너무나 아까운 인류의 고전이라고 생각합니다. 독자들께서 이 책을 읽고 난 후에 제 생각에 동의하신다면 제 목표를 이룬 것입니다.

책을 쓰면서 저는 젊은 세대를 생각했습니다. 제 세대보다 여러 면에서 훌륭하여 별다른 조언이나 충고가 필요 없지만, 저 역시 고전을 공부하는 사람으로서, 고전 공부를 조금만 더 해달라는 당부를 전하고 싶습니다. 특별히 20대를 보내는 아들과 딸이 이 책에서 도움을 받았으면 좋겠다는 마음이 간절해지기도 했습니다.

여러 훌륭한 성서 번역본이 있지만 이 책의 「마태복음서」 본문은 제가 그리스어 성서를 번역한 것입니다. 강연 후에 책 출판이 이루어질 때까지 도움을 주신 모든 분께 깊이 감사드립니다.

2020년 12월
김학철

제1강

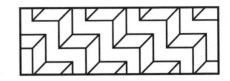

비블로스 게네세우스

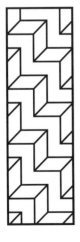

이 오래된 책에 묻다

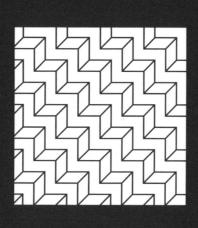

「마태복음서」는 그리스도교 경전인 성경에 있는 문서 중 하나입니다. 제가 여기서 말씀드리는 '그리스도교'는 로마가톨릭, 프로테스탄트 곧 우리가 흔히 말하는 개신교, 그리고 동방정교회를 모두 포함합니다. 앞으로 그리스도교 혹은 기독교라 부르겠습니다. 로마가톨릭과 개신교와 동방정교회는 서로 조금씩 다른 경전 문서를 가지고 있습니다. 그런데 「마태복음서」는 교파를 불문하고 경전에 속합니다.

기독교 경전을 흔히 '성경' 혹은 '성서'라고 합니다. 성경은 전서(全書)입니다. 전서란 어떤 분야에 관련한 사실이나 지식을 망라하여 체계적으로 엮은 책이지요. 예를 들어 동물에 관한 전서는 여러 동물에 관한 책, 그러니까 사자, 호랑이, 펭귄 등에 관한 여러 권의 책을 모은 것입니다. 이처럼 성경도 전서입니다. 성경 '전서'는 크게 두 부분으로 구성되어 있습니다. 첫 번째 부분은 『구약전서』로 불리고, 이 안에도 여러 문헌이 있습니다. 두 번째 부분은 『신약전서』입니다. 『구약전서』와 마찬가지로 여러 문헌으로 구성됩니다. 종합하면, 성경은 『구약』이라고 하는 전서, 『신약』이라고 하는 전서로 이루어져 있다고 할 수 있겠습니다.

『구약』은 기독교인뿐 아니라 유대교인도 공유합니다. 유대인의 경전이기도 하죠. 유대교인은 이를 주로 '타나크(תנ"ך)'라고 부릅니다. 또 '히브리 성경'이라고도 합니다. 반면 『신약』은 오직 기독교만이 경전으로 삼고 있습니다.

『신약』의 첫 번째 책이 예수의 특별한 제자인 마태가 쓴 것으로 알려진 「마태복음서」입니다. 우리가 어떤 순서를 정할 때 제일 중요한 게 가장 처음에 오는 경우가 많잖아요. 여러 문서 가운데 '이것이 경전이 될 만해' 하고 선별할 때 누구도 이의를 제기하지 않고 '정말 중요한 문서지!' 하고 맨 처음 뽑힌 책이 「마태복음서」인 셈입니다.

그리스도교 문명권에서 「마태복음서」는 고전입니다. 누군가 비꼬아서 '모두가 중요한지는 알지만 아무도 읽지 않는 책이 고전'이라고 말하기도 하지만, 「마태복음서」는 꼭 한번 읽으라고 권유하고 싶은 책입니다. 제가 직접 번역을 해봤는데요. 200자 원고지로 약 400매 정도밖에 되지 않는 분량입니다. A4용지로 하면 50쪽 정도에 불과합니다. 이 얇은 책이 서양 세계에서 오랜 시간 동안 고전의 지위를 확고히 유지하고 있습니다. 모든 사람이 읽고 영감을 받고 좋아할 만한 책인데도 많이 알려지지 않아 신학을 연구하는 저로서는 안타까울 따름입니다.

그리스도교보다 먼저 탄생한 「마태복음서」

지도를 한번 살펴보겠습니다. 고대 지중해 세계의 지도입니다. 「마태복음서」는 이스라엘 바로 위 시리아의 안디옥(Antioch)이라는 곳에서 기원후 80~90년대에 기록되었습니다. 갈색으로 칠해진 지역은 로마제국의 영토입니다. 시리아의 안디옥이라는 곳은 로마 다음으로 으뜸을 겨루는 도시였습니다.

「마태복음서」가 태어날 때 그리스도교라는 종교가 따로 있지 않았습니다. 그보다는 유대교의 한 분파로 이해되었을 가능성이 큽니다. 당시 유대교는 렐리기오 리키타(religio licita), 곧 로마가 인정한 '합법 종교'에 속했습니다. 원칙적으로 로마제국은 집회와 결사의 자유를 허용

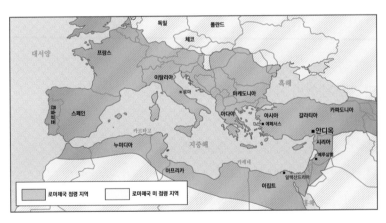

고대 지중해 세계의 지도

하지 않았기에 사람들이 모여 집회를 하는 건 불법이었습니다. 반면 종교에 관해 관용 정책을 썼던 로마제국은 오래되고 중요한 종교에 합법적인 권리를 주었고 그 모임은 법적으로 보장해주었습니다.

초기 그리스도교인은 대부분 유대인이었습니다. 예수도 유대인이고 예수의 제자도 대부분 유대인이기에 유대교와 다른 '종교'라는 의식이 초기 그리스도교인에게 있지 않았습니다. 그런데 점차 유대교와 자신들이 다르다는 걸 느끼기 시작했고, 다수의 유대인이 예수를 따르는 사람들을 '이단'으로 간주하면서 구분과 차별이 강화되었습니다. 나아가 예수를 따르는 비유대인, 곧 유대인이 볼 때 이방인이 대거 예수 운동에 참여하기 시작하면서 그리스도교가 유대교와 분리되기 시작합니다. 이같이 「마태복음서」는 그리스도교라는 종교가 탄생하기 전에 기록되었습니다. 그리스도교라는 종교를 옹호하거나 강화하는 목적으로 기록된 것이 아니지요.

이 오래된 책이 아직도 유효할까?

그런데 이 책을 오늘날에도 유효하게 읽을 수 있을까요? 거의 2천 년 된 문서인데 이걸 21세기의 우리가 읽을 이유가 있을까요? 근본적인 질문입니다. 휴대전화는 1년만 지나도 낡은 게 되어버립니다. 그런데 2천 년 전 이야기를 시간을 들여 읽을 이유가 있을까요?

몇 가지 이유를 꼽을 수 있을 겁니다. 먼저 떠오르는 이유는 현재 전 세계 인구의 3분의 1이 기독교인이라는 사실입니다. 그들의 경전인 『신약성서』 중 제일 앞에 나오고 중요한 것이 바로 「마태복음서」입니다. 세계 인구 중 3분의 1에 달하는 사람들의 세계관을 안다는 것. 그들의 삶과 생각을 형성하는 이야기가 무엇인지 이해한다는 것. 그것이 「마태복음서」를 읽어야 하는 이유가 될 것입니다.

서양의 계몽주의 이후 20세기 중반까지 많은 학자가 점차 종교가 없어지리라고 예측했습니다. 과학이 발전할수록 종교의 입지는 줄어든다고 추측했지요. 하지만 오늘의 현실은 정반대의 결과를 보여줍니다. 오히려 종교 인구는 늘고 있습니다. 기독교인도 더 많아지고 있고, 2050년까지도 가장 많은 종교인은 그리스도교인이라고 합니다. 이런 점에서 지금의 세상 사람들과 문화를 이해하는 데 필요한 근본적인 지식과 기본적인 원리를 탐구하는 게 교양이라면, 「마태복음서」는 핵심 교양이라고 할 수 있겠습니다.

그럼 기독교인이 아니라면 굳이 「마태복음서」를 읽을 이유가 없을까요? 비록 많다고는 할 수 없지만, 저 역시 동서고금의 고전 혹은 명저로 평가받는 책들을 읽어보았습니다. 그리고 제가 내린 결론은 「마태복음서」가 기독교인만이 읽기에는 너무 아까운 문서라는 점이었습니다. 이후에 강의를 진행하면서 제가 왜 그렇게 생각할 수밖에 없는지, 흠모의 근거를 하나씩 살펴보도록 하겠습니다. 아마 여러분도 동의해주실 것으로 생각합니다.

고전의 자격

본격적으로 강의를 시작하기 전에 '고전(古典)'이란 말을 생각해보고 싶습니다. 클래식(classic)이란 단어는 라틴어, 곧 고대 로마의 언어인 '클라시쿠스(clássĭcus)'에서 유래했습니다. 클라시쿠스의 어원을 찾아보면 재밌습니다. '함대가 있는'이란 뜻입니다. 함대는 평범한 배가 아닌 전투하는 배입니다. 도대체 '함대가 있는'이라는 클라시쿠스는 어떻게 오늘날의 '클래식'으로까지 이어질까요?

전쟁 상황을 떠올려봅시다. 나라에 상비군이 충분히 있으면 군대를 정비하고 출동하면 됩니다. 그런데 생산력이 높지 않으면 상비군을 충분히 둘 여력이 없지요. 제국이 성립하기 전 고대 로마에 전쟁이 일어나면 이와 유사한 상황이었습니다. 이때 로마의 주체라고 자부하는 사람들, 곧 로마 시민들이 자발적으로 참전합니다. 전쟁에서 공을 세우면 신분 상승이나 권력 획득에도 도움이 되기에 귀족이나 부자 들은 전쟁을 도리어 기회로 보기도 했습니다. 그런데 상비군이 아닌 한 무장을 자기 돈으로 해야 합니다. 만약 내가 중산층이면 중무장 보병이 되는 겁니다. 갑옷을 해 입고, 방패도 구해 들고 창과 칼을 차고 전쟁에 나갈 수 있습니다. 이렇게 준비하지 못한 가난한 사람들은 상대적으로 경무장 보병이 됩니다. 그런데 무려 '함대를 보낼 수 있는' 재력의 소유자가 있다면? 그들은 위기 상황을 극복할 수 있는 엄청난 자원을 가진 이들이겠지요.

클래식이란 한 사람이, 한 사회가, 인류가 전쟁과 같은 위기 상황에 있을 때 그것을 이겨낼 수 있는 정신적 자원이 될 만한 사상, 지식, 책을 일컫는다고 할 수 있겠습니다. 우리가 '고전'이라 부르는 것에는 생존과 그 이상의 인간다움을 구현하는 '강력한 힘'이 깃들어 있습니다. 한편 전쟁이 났는데 보낼 수 있는 자원이 자기 아들밖에 없는 사람들, 그렇게 가난한 사람들을 '프롤레스(prōles)'라고 불렀습니다. 한 단어가 떠오르지 않나요. 그렇습니다. 우리가 노동자 혹은 노동자계급이라 알고 있는 '프롤레타리아(Proletariat)'라는 말의 뿌리가 바로 '프롤레스'입니다.

그런 의미에서 「마태복음서」는 고전입니다. 이 옛 문서는 인간은 누구인가, 죽음은 모든 것의 끝인가, 인생의 의미는 무엇인가, 우리는 무엇을 목표로 살아야 할까, 삶의 가치는 무엇인가, 신적 존재가 있다면 그 존재는 어떤 존재인가, 기적이란 무엇인가, 용기란 무엇인가, 희망은 어디서 오는가, 폭력에 맞설 수 있는가, 새로운 질서를 꿈꿀 수 있는가, 이런 심오한 삶의 문제를 정면으로 다루고 심도 있는 대답을 제시합니다.

뒷모습을 비추는 거울

「마태복음서」를 읽으면 손꼽히는 고전을 읽을 때와 유사한 경험을 하

게 됩니다. 제 경험을 비추어보면, 크게 세 가지로 설명할 수 있을 것
같습니다.

첫째, 「마태복음서」를 읽으면 가을날 사색의 길을 걷는 느낌입니
다. 낙엽 진 숲길을 걸으면 내가 지금 잘 살고 있는지, 지금 하는 일이
옳은지, 이런 것들을 뒤돌아보게 됩니다. 마치 거울 앞에 선 경험과 비
슷하죠. 거울 앞에서 자신을 비추어 반성합니다. 되돌아보고 성찰합니
다. 고전은 우리를 보여줍니다. 자신이 깨닫지 못한 나의 모습을 밝혀
보여주는 것이 고전입니다.

이 그림은 르네 마그리트(René Magritte)의 그 유명한 그림 〈금지된
재현〉입니다. 사람과 책이 거울 앞에 있습니다. 그 모습을 거울이 비
춥니다. 책은 그대로 반사되어 보입니다. 그런데 이 거울이 참 재미있
습니다. 사람의 얼굴을 비추지 않습니다. 대신 거울 앞에 서 있는 사람
의 뒷모습을 비춥니다. 그렇습니다. 자기도 미처 보지 못하는 자신의
뒷모습을 보여주는 게 고전입니다. 역사가 하는 일과 같습니다. 과거
를 통해 현재를 읽고 다가올 미래를 대비하기 위해 우리는 역사를 공
부합니다.

둘째, 「마태복음서」를 읽으면 여름밤에 깜깜한 길을 걷는데 밤하늘
은하수가 쏟아져 마치 그 길을 재촉해 걸으면 어느새 은하수를 만날 것
같은 기분이 듭니다.

「마태복음서」를 읽는 것은 마치 창 앞에 서는 것과 같습니다. 방안
은 어둡고 침침합니다. 희망이 없습니다. 우울합니다. 살아갈 의욕이

르네 마그리트, 〈금지된 재현〉, 1937 © René Magritte / ADAGP, Paris - SACK, Seoul, 2020

없습니다. 누추합니다. 그런데 창 앞에 서면 바깥세상이 보입니다. 창 밖으로 멋진 광경이 펼쳐집니다. 우리 인간은 이런 창이 있어야 살아갈 수 있는 존재입니다. 지금 여기가 사는 전부고, 지금 여기가 우리에게 주어진 최선이라면, 인간은 인간답게 살 수가 없습니다. 인간은 창밖 세상을 보고 창밖 세상을 안으로 끌어 들여와서 살 때 '인간'이 됩니다.

마그리트의 그림을 한 점 더 보겠습니다. 〈인간의 조건〉이라는 그림입니다. 창이 있습니다. 한 화가가 창 안쪽에서, 그러니까 방 안에서 창밖 세상을 그립니다. 바로 이것이 '인간의 조건'입니다. 인간이 인간으로서 살아가는 조건이란 창 앞에 설 수 있어야 하는 것이지요. 창밖, 그것은 '초월(超越)'이라고 이야기할 수 있겠습니다. 우리가 세상 밖을 꿈꾸고, 바깥의 세상을 안으로 끌어 들여와서 사는 것. 그것이 초월이고 그것이 종교를 배우는 이유입니다. 「마태복음서」는 초월을 꿈꾸는 사람들의 이야기입니다.

마지막 셋째, 「마태복음서」를 읽으면 봄날의 정원을 걷는 기분입니다. 꽃 피고 새 울고 향기 나고 아름답지요. 그런 길에선 어찌해야 할까요? 그냥 스쳐 지날 수 없지 않을까요. 걷다가 꽃 보고, '너 예쁘다' 칭찬하고, 돗자리 있으면 깔고 앉고, 같이 걷는 사람이 있으면 도란도란 이야기하고 싶습니다. 문학(文學)입니다. 「마태복음서」에는 아름다운 언어가 가득합니다. 예수의 말 가운데 빛나는 시가 있습니다.

정리하면 이렇습니다. 「마태복음서」를 읽는다는 것은 역사와 종교와 문학을 배우는 것입니다. 「마태복음서」는 인생의 근본적인 질문에

르네 마그리트, 〈인간의 조건〉, 1935
© René Magritte / ADAGP, Paris − SACK, Seoul, 2020

렘브란트, 〈성 마태와 천사〉, 1661

매우 심원한 통찰을 줍니다. 하여 「마태복음서」는 인류의 문화, 예술, 정치 등에 강한 영향을 미쳤습니다. 간단하게 문학과 예술에 관련해서만 몇 개의 예를 들어보겠습니다.

렘브란트의 그림에서 사그라다 파밀리아의 기둥까지

〈성 마태와 천사〉라는 렘브란트(Rembrandt Harmenszoon van Rijn)의 그림부터 보겠습니다. 서양 회화에서 글을 쓰는 사람 옆에 천사가 있으면 십중팔구 마태라고 생각해도 무방합니다.

사실 우리가 같이 공부하고 있는 「마태복음서」에는 이 책을 마태가 썼다는 말이 없습니다. '마태'가 저자라는 전승(傳承)에 따라 그렇게 부르는 것이지요. 그림에 보면 천사같이 보이는 한 사람이 뒤에서 무엇인가 속삭이는데, 마태는 그저 자동 기술하는 것이 아니라 머리끈을 질끈 동여매고 고민을 합니다. 수염을 만지면서 숙고를 합니다. 「마태복음서」를 이렇게 썼다는 것입니다. 개신교의 성서 이해를 잘 드러내고 있는 그림입니다.

「마태복음서」는 미술뿐 아니라 건축에도 지대한 영향을 미칩니다. 가보신 분들은 잘 알 겁니다. 비행시간이 아무리 길어도 성당에 한 걸음 들어서는 순간, 모든 수고는 잊힙니다. 스페인 바르셀로나의 사그라다 파밀리아(La Sagrada Familia) 성당입니다. 우리에겐 성 가족 성당이란 이름으로 더 익숙하지요. 이곳에 들어서면 큰 기둥 네 개가 눈에 들어옵니다. 네 개의 기둥은 복음서를 상징합니다. 마태, 루카, 마가, 요한은 각각 천사, 소, 사자, 독수리 모습으로 기둥에 그려져 있습니다.

무수히 많은 화가와 건축가가 「마태복음서」에 영감을 받았습니다만, 렘브란트와 사그라다 파밀리아만을 간략하게 언급하겠습니다. 저 유명한 바흐의 음악을 들을 시간이기 때문입니다.

천지창조 이전의 독백

여러분은 서양 클래식 중에서 어떤 음악과 음악가를 좋아하시나요? 저는 바흐(Johann Sebastian Bach)를 참 좋아합니다. 그가 쓴 〈마태수난곡 (Matthäus-Passion)〉도요.

빈센트 반 고흐는 이렇게 말했습니다. "렘브란트의 그림을 보고 있으면 신이 있다는 것을 부정할 수 없다." 저도 바흐의 음악을 듣고 있노라면 고흐가 렘브란트에게서 느꼈던 감정이 무엇인지 대략 알 수도 있겠다는 생각을 합니다. 독일의 괴테는 바흐의 음악에 대해 이렇게 말했습니다. "신이 천지창조를 하기 전에 한 독백이다." 신의 모놀로그 (monologue)! 바흐의 음악은 그런 것 같습니다. 〈마태수난곡〉을 듣고 있으면, 얕은 슬픔이 아니라 우리의 저 깊은 곳에서 인간이란 존재를 고민하는 처절한 슬픔, 인간의 희생, 사랑의 헌신, 신과 인간의 얽히고 설킨 희비극의 이야기가 주는 감동이 가슴에 번집니다.

「마태복음서」는 마르크스주의자이자 무신론자인 피에르 파올로 파졸리니(Pier Paolo Pasolini)의 가슴에도 전해진 듯합니다. 파졸리니는 이탈리아의 영화감독입니다. 이탈리아 공산당원이기도 했지요. 파졸리니의 데뷔작은 성매매 여성, 포주 등이 등장하는 사회 고발 영화였습니다. 로마가톨릭 신앙에 반기를 드는 내용 때문에 경고를 받기도 했습니다. 파졸리니는 한마디로 전통적인 신앙과는 먼 사람이었습니다. 그런데 그가 「마태복음서」를 영화로 만듭니다. 영화 〈마태복음〉은 1964년 베네치아 영화제에서 심사위원 대상을 받습니다. 그가 이 영화를 만든 계기는 이러합니다.

어느 날 호텔에 묵고 있다가 이동을 하려는데, 교황께서 그 길을 지나게 되어 교통이 통제되었답니다. 그래서 꼼짝 없이 있다가 이 영화에 대한 영감이 떠올랐답니다. 이 영화는 흑백영화입니다. 흑과 백의 명암이 인간 실존을 깊숙이 비춥니다. 영화의 모든 대사는 「마태복음서」로 이루어져 있습니다. 성서에 기록되지 않은 말은 단 한마디도 없습니다. 종교인이든 아니든 꼭 한번 보길 권합니다. 누구나 인상적이라고 여길 만한 그런 영화입니다.

윤동주의 시 「팔복」

사실 여러분은 이미 「마태복음서」의 일부 내용을 알고 있습니다. 원수를 사랑하라, 오른쪽 뺨을 맞으면 왼쪽 뺨을 내밀어라, 내일 일을 염려하지 마라, 대접받고 싶은 대로 대접하라, 낙타가 바늘귀에 들어가는 게 너무 어렵다 등등 그것이 모두 「마태복음서」에 있는 내용입니다. 프랑스의 작가 앙드레 지드의 유명한 소설 『좁은 문』이라는 제목 역시 "좁은 문으로 들어가라"는 「마태복음서」 속 경구에서 비롯된 것입니다. 길을 걷다가 간혹 보게 되는 교회의 전도 문구, "수고하고 무거운 짐 진 자들아 모두 내게로 오라!" 역시 「마태복음서」에 나옵니다. 윤동주의 시 「팔복(八福)」을 읽어보겠습니다.

슬퍼하는 자는 복이 있나니
슬퍼하는 자는 복이 있나니
슬퍼하는 자는 복이 있나니
슬퍼하는 자는 복이 있나니
슬퍼하는 자는 복이 있나니
슬퍼하는 자는 복이 있나니
슬퍼하는 자는 복이 있나니
슬퍼하는 자는 복이 있나니

저희가 **永遠**(영원)히 슬플 것이오

　이 시 역시 「마태복음서」에 나오는 이야기가 모티프입니다. 앞서 제가 「마태복음서」는 문학, 예술, 정치에 두루 영향을 미쳤을 뿐 아니라 윤리적으로 이미 깊숙이 침투해 있다고 말씀드린 것 같습니다. 방금 전 열거한 내용이 거의 모두 윤리에 관한 내용이지요.

문(文)의 세계

저는 여러분과 같이 「마태복음서」를 역사비평적으로 읽으려고 합니다. 역사비평은 문헌이 기록될 당시 저자와 청중을 고려해서 텍스트를 읽는 것입니다. 2천 년 전 지중해에서 기록된 문헌을 21세기 한국 사람이 쓴 것인 양 읽으면 필연적으로 오독(誤讀)할 수밖에 없습니다. 동시대를 살더라도 다른 지역에 있으면 문화가 다릅니다. 같은 지역이라도 시대가 다르면 이해가 달라집니다. 역사비평은 그때 그곳의 사람들에게 「마태복음서」는 어떻게 들렸을까, 저자는 당시 그곳에서 어떤 의도로 글을 썼을까를 물으면서 문헌에 접근하는 방법입니다.

　역사비평의 한 가지 예를 들면서 첫 번째 강의를 마치려고 합니다. 「마태복음서」 첫 장 첫 줄에 이렇게 씌어 있습니다. 비블로스 게네세우스(Bi,bloj gene,sewj). 이것은 당시 그리스어, 특별히 코이네 그리스어라는 제국의 공용어입니다. '비블로스'는 책이란 뜻입니다. '게네세우스'는 창조, 시작이란 뜻이죠. 그러니까 문자 그대로 읽으면 '시작의 책', '창조의 책'이란 의미입니다.

그리스어 청중에게 가장 익숙한 책은 호메로스(Homeros)의 『일리아스』입니다. 『일리아스』의 첫 단어는 '메닌(μῆνιν)'입니다. '메닌'을 직역하면 '분노를'입니다. 『일리아스』는 '아킬레우스의 분노를 노래하소서 여신이여' 이렇게 시작합니다. 실제로 『일리아스』를 읽어보면 아킬레우스의 분노가 달라질 때마다 이야기 패턴이 달라집니다. 한편 로마 제국의 첫 번째 공용어인 라틴어를 쓰는 사람들에게 제일 유명한 고전은 무엇이었을까요? 베르길리우스(Publis Vergilius Maro)의 『아이네이스』라는 고전입니다. 『아이네이스』를 시작하는 첫 단어는 '아르마(arma)', 곧 '무기'입니다. '나는 무기와 사내를 노래하노라' 이렇게 시작하죠. 한마디로 이야기하면 이 두 문헌은 무(武)의 세계, 무력의 세계입니다. 이른바 사내들의 세계고, 전쟁의 세계고, 명분의 세계입니다. 다른 한편, 「마태복음서」의 두 번째 단어 '게네세우스'를 당시 유대인은 어떻게 들었을까요? 아마도 유대인 경전의 제일 처음에 있는 「창세기」를 떠올리게 했을 겁니다. 유대인에게 「마태복음서」는 새로운 창조의 이야기를 함으로써 자기주장을 하는 책으로 이해되었을 것입니다.

「마태복음서」를 역사비평의 전망에서 읽으려는 까닭은 이후 그것이 오늘날 우리에게 주는 의미가 무엇인지를 헤아려보기 위함입니다. 예수와 그를 따르는 추종자들의 이야기를 통해 인류를 향한 진지한 그

눈빛, 목마른 듯한 간절한 목소리, 진실을 전하려고 하는 몸짓에 대해서 귀 기울여보려고 합니다.

요약하면, 「마태복음서」는 누가 이상적인 통치자인가, 누가 이 세상을 통치해야 하는 사람들인가, 라는 오래된 그리스 철학의 질문에 답을 줍니다. 예수와 그 추종자들이 오랫동안 찾고 있었던 철학자이자 통치자라는 것이지요. 예수와 제자들은 지혜로 이 세상을 건설해나가려고 하는 사람들이라는 선언이 「마태복음서」의 주요 내용입니다.

어느덧 첫 번째 강의를 마칠 시간입니다. 이 강의가 끝나고 난 후 바흐의 〈마태수난곡〉을 찾아 들어보면 좋겠습니다. 어떻게 바흐는 이토록 아름다운 곡을 썼을까? 이런 생각을 좇다 보면 어느덧 귀에 익은 멜로디에 이끌려 「마태복음서」 공부를 함께 할 의욕이 돋아날 것입니다.

제2강

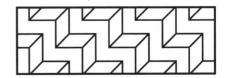

역설과 해체의 통치자

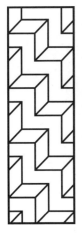

어떻게 살아갈 것인가

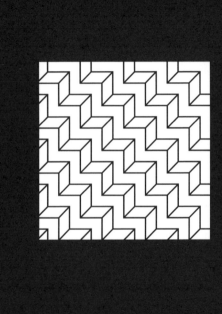

「마태복음서」는 '읽는' 책이 아니라 '듣는' 책이었습니다. 호메로스의
『일리아스』나 베르길리우스의 『아이네이스』 역시 사람들에게 들려주
는 책이었습니다. 누가 들려줬을까요? 우리나라 판소리꾼을 생각하면
됩니다. 청중 앞에 한 사람이 나와 운율에 맞춰서 이야기하는 방식 말
입니다. 대본을 보고 읽는 게 아니라 암송하는 것이지요. 아직도 중동
지역의 카페에서 이런 공연을 한다고 합니다. 카페에서 낭송자가 높은
의자에 올라가서 앉으면 그 앞에 관객이 모여 듣는 것이지요. 전쟁 장
면을 실감나게 묘사하면 모두 빠져들어 밤 깊은 줄 모르고 그 세계에
몰입했다가 빠져나오곤 한답니다. 「마태복음서」도 한 사람이 낭독하고
그것을 듣는 형식으로 '공연'되었습니다.

인생은 결국 한 줄로 요약된다

「마태복음서」를 1장 1절부터 읽어보겠습니다.

> 1. 예수 그리스도께서는 다윗과 아브라함의 후손으로 그의 족보는 다음과
> 같다.

첫 장 첫 구절을 '족보'로 시작합니다. '족보'는 앞 강의에서 말씀드린 '비블로스 게네세우스'의 번역입니다. 이것은 '시작/창조의 책'이라고 직역할 수 있습니다만, 이후 전개되는 이야기를 보면 '족보'로 이해하는 것도 적절합니다. 어떤 책 또는 문학이 족보로 시작한다는 건 무얼 뜻할까요? 서양 근대 개인주의의 영향을 받은 사람들은 이해하기 어려울 텐데요, 불과 30~40년 전까지만 해도 어떤 지역에서는 자기 정체성을 족보를 통해 확인하고 표현할 만큼 족보는 자기 존재를 증명하는 아주 뿌리 깊은 방식이었습니다.

유엔(UN) 연설장에서 어느 나라의 대표가 나와서 연설하는데 자기소개에만 몇 분을 썼다고 합니다. 어떤 자기소개였느냐 하면, 본인은 누구의 아들인데 그분은 누구의 아들이고 또 그분은 누구의 아들이고……, 그렇게 족보를 쭉 읊었다고 합니다. 우리가 들었다면 어리둥절했겠죠. 그런데 강한 공동체 문화에서는 자기가 누구인지 설명을 해야 다른 사람들에게 받아들여졌기에 그러한 자기소개가 자연스럽습니다.

나를 설명하기 위해 먼저 나의 조상 몇 대손을 쭉 알려줘야 하는 것. 그것이 신뢰를 얻는 방법이고, 자신을 밝히는 길이지요. 오늘날에는 명함을 주고받는 등의 형식으로 탈바꿈했지요. 예수를 소개할 때 족보부터 말하는 데에는 바로 이런 의식이 반영되어 있습니다. 예수는 누구인가? 그것을 알려면 일단 족보부터 봐라. 이렇게 되는 겁니다.

제가 번역한 「마태복음서」 1장 1절과 달리 다른 번역본에서는 대개 '아브라함과 다윗의 자손'이라고 나올 겁니다. 순서가 바뀌어 있을 거예요. 그러나 헬라어 원문의 순서는 '다윗과 아브라함'입니다. 다윗은 아브라함의 후손이지만 다윗이 더 중요한 사람이라는 뜻이지요.

다윗은 유대인이 이상적으로 생각하는 왕입니다. 서양식 이름으로 데이비드, 다비드입니다. 다시 「마태복음서」 1장으로 돌아가서, 족보는 이렇게 이어집니다.

2. 아브라함은 이삭을 낳고 이삭은 야곱을 낳고, 야곱은 유다와 그 형제들을 낳았다. 3. 유다와 다말은 베레스와 세라를 낳고, 베레스는 헤스론을 낳고, 헤스론은 람을 낳았다. 4. 람은 아미나답을 낳고, 아미나답은 나손을 낳고, 나손은 살몬을 낳았다. 5. 살몬과 라합은 보아스를 낳고, 보아스와 룻은 오벳을 낳고, 오벳은 이새를 낳았다.

많은 사람이 '「마태복음서」 한번 읽어봐야지' 하고서 책을 펼치지만 1장을 넘기기 힘들어합니다. 저 수많은 반복, '누가 누구를 낳았다' 때문입니다. 족보를 보면 이것이야말로 인간 삶을 보여준다는 생각이 듭니다. 인간은 태어나서, 밥 먹고, 아이 낳고, 죽습니다. 그게 족보가 말해주는 인생의 진실입니다. 우리나라 족보를 봐도 결국 누가 누구를 낳았다는 내용이지요. 거기에다 조선 시대라면 무슨 관직을 했다는 정도나 한 줄 써줄 뿐, 그다음에 누구를 낳았다 하고 끝입니다.

「마태복음서」 족보에 나온 한 사람 한 사람 모두 대단한 사연이 있는 사람들입니다. 어느 시인의 말대로 저마다 '세계'지요. 아브라함만 해도 무수한 이야기, 삶의 이야기가 있는 사람입니다. 이삭은 어떤가요. 마찬가지로 숱한 사연이 있습니다. 그리고 야곱까지, 이 세 사람의 삶을 이야기하자면 밤을 새워도 모자랄 정도인데 그저 이름 한 번씩 나올 뿐입니다. 누구나 자기 인생은 유일무이하고 소중한 것이지만 먼 우주에서 우리를 내려다본다면, '태어났구나. 밥 먹는구나. 아이 낳네. 죽었구나.' 그저 그렇게 보일 겁니다. 우주적 시공간을 고려하면 그러한 기록조차 부질없지만요.

족보의 반전

족보를 거론한다는 것은 혈통주의를 이야기하는 겁니다. 정통성을 말하고 자기 집안이 잘났다는 걸 드러냅니다. 「마태복음서」라는 족보는 왕의 족보이기에, 예수를 소개하면서 왕의 족보를 이야기한다는 건 예수가 왕가의 후손임을 말하려는 거겠지요.

앞의 인용문을 봅시다. '다말', '라합', '룻'. 이 셋은 여성 이름입니다. 나머지는 모두 남자 이름이고요. 이상하지 않습니까? 족보에는 혈통주의, 정통성, 남성우월주의를 보여주려는 의도가 있습니다. 어떤 남성이 어떤 자손을 남겼다는 게 중요할 뿐, 여성은 하나도 중요하지 않습니다. 아주 가부장적이지요. 족보라는 게 그렇습니다. 우리나라 족보와 마찬가지로 유대인의 족보도 남성 중심입니다. 그런데 여성 이름이 벌써 셋이나 나왔습니다. 또한 이 여인들 모두 비유대인입니다. 혈통이 중요한 유대인의 족보에서 중요한 건 유대인과 남성인데, 예수가 유대인 왕가의 후손임을 자랑하려는 이 족보에 비유대인 여성이 등장하다니, 어떤 아이러니가 숨어 있을까요.

다말, 라합, 룻은 사연 많은 여인들입니다. 그 기구한 사연을 여기에 일일이 적을 수가 없을 정도지요. 간략하게만 말하자면 라합은 성매매를 담당하는 여인이었습니다. 다말은 결혼한 뒤 남편이 죽는 바람에 어쩔 수 없이 친정으로 돌아갔습니다. 옛말로 소박맞은 거죠. 그 후 다말은 유다와 결혼해서 베레스와 세라를 낳았는데, 유다가 누구냐 하면 바로 자신의 시아버지입니다. 아니, 무슨 족보에 이런 이야기를 다 넣었을까요? 한편 룻은 모압 여인인데, 모압인은 유대인과 원수지간이었습니다. 빗대어 말하자면, 일제강점기 때 우리나라에 일본인을 극도로 싫어하는 가문이 있었는데, 그 가문에서 들인 며느리가 일본 여인이라는 이야기지요. 이렇듯 이 족보는 읽어갈수록 족보가 발생한 원래 이념과 충돌합니다.

6. 이새는 다윗 왕을 낳았다. 다윗과 우리아의 아내가 솔로몬을 낳았다. 7. 솔로몬은 르호보암을 낳고, 르호보암은 아비야를 낳고, 아비야는 아삽을 낳았다. 8. 아삽은 여호사밧을 낳고, 여호사밧은 요람을 낳고, 요람은 웃시야를 낳았다. 9. 웃시야는 요담을 낳고, 요담은 아하스를 낳고, 아하스는 히스기야를 낳았다.

이새는 다윗 왕을 낳았다고 나옵니다. 왕을 낳았다니, 그럼 이새가 왕이어야 할 텐데 이새는 왕이 아닙니다. 그리고 이 구절에서 처음으로 '왕'이라는 직책이 등장합니다. 이 족보에는 다른 직책의 인물이 한 명 더 등장하는데 바로 예수 그리스도입니다. 예수는 고유명사인 이름입니다. 그리스도는 보통명사이고요. 그리스도는 기름 부음을 받았다는 뜻인데, 유대인의 전통에서는 신과 관련하여 특별한 임무를 담당한 사람에게는 기름을 부어 성별(聖別)제의를 하였습니다. 그리스도라고 하면 하나님의 일을 수행할 구별된 직무를 하는 사람을 가리킵니다. 그러니 유대인은 다른 사람을 '그리스도'라고 부르기도 했습니다. 가령 예수 이후 반로마항쟁(기원후 132~135)을 이끌었던 바르 코크바(별의 아들)는 저명한 랍비들에게서 그리스도를 뜻하는 메시아라 불렸습니다.

그다음 문장을 보면 다윗과 우리아의 아내가 솔로몬을 낳았답니다. 이상하지 않나요? 다윗과 다윗의 아내가 아들을 낳아야 하잖아요. 그런데 저 유명한 '솔로몬'은 다윗과 (다윗이 아닌) 우리아의 아내에게서 난 아들이었습니다. 우리아는 다윗의 휘하에 있던 장군입니다. 우리아가 전장에 나가 있는 동안 그의 아내 밧세바를 범한 다윗은 음모를 꾸며 자신의 충직한 장군 우리아를 죽게 합니다. 그러고서는 우리아의 아내인 밧세바를 아내로 취하지요. 따라서 솔로몬을 낳을 때는 이미 다윗의 아내가 되어 있었지만, 「마태복음서」는 밧세바를 끝까지 '우리아의 아내'라고 부릅니다. 이것은 아주 엄중한 고발이라고 할 수 있지요. 다윗 왕가의 족보라 할 수 있는 이 족보는 다윗의 죄악을 날카롭게 공격하고 있는 셈입니다.

족보는 혈통주의, 정통주의, 남성우월주의, 도덕주의를 강조하는 것입니다. 그리고 저자 마태는 족보의 한 측면에 그 이데올로기를 반영합니다. 그러나 동시에 그것을 해체해버리지요. 전통과 보존이 있고, 동시에 해체와 전복이 있습니다.

혈통을 거부하다

이렇게 '낳았다'가 이어지다가 11절을 보면 또 흥미롭습니다.

11. 요시야는 그의 형제를 낳았다. 그때는 바빌론으로 끌려갈 무렵이었다.

바빌론으로 끌려갔다는 건 나라가 망했다는 이야기입니다. 원래 왕가의 족보는 패망을 기록하지 않습니다. 고대 이집트의 역사 기록이 대표적이지요. 결코 패망을 기록하지 않습니다. 상대와 싸워서 이집트가 이기면 당연히 이긴 것이고, 비겼으면 이집트가 이긴 것으로 기록합니다. 이집트가 졌을 경우에는 기록을 하지 않거나 비긴 것이 됩니다. 그런데 예수의 족보는 바빌론으로 끌려간 일을 적을 뿐 아니라 그것도 시대를 구분하는 중요한 사건으로 두 번이나 기록합니다. 바빌로니아제국이 유대를 멸망시켜 뼛속에 사무치는 원한을 일으킨 그 사건을 말입니다. 그러고서 다시 누구는 누구를 낳았다고 하는데 이때는 이미 왕가가 없지요. 16절을 볼까요.

16. 야곱은 마리아의 남편인 요셉을 낳았다. 그리스도라고 불리는 예수께서는 마리아에게서 태어나셨다.

요셉을 '마리아의 남편'으로 소개합니다. 어떤 남자를 누구의 남편으로 소개하는 건 철저히 가부장적 사회인 당시에는, 더욱이 족보에서는 상상하기도 어려운 일이었습니다. 그 남자에 대한 모독이나 마찬가지예요. 그다음 문장을 보면, 그리스도라 불리는 예수께서 마리아에게서 태어났다고 되어 있습니다. 아니, 기껏 누가 누굴 낳고 누굴 낳고 하더니, 정작 예수는 요셉하고 혈통의 관계가 없다니요! 정말 이상한 족보입니다. 그리고 이 이상한 족보가 바로, 예수가 누구인지를 소개하고 싶은 마태의 메시지입니다. 그다음 절은 이렇습니다.

17. 그리하여 모두 아브라함부터 다윗까지 열네 대, 다윗부터 바빌론까지 열네 대, 바빌론으로 끌려간 때부터 그리스도까지 열네 대다.

17절에서 우리가 주목해서 볼 것은 '열네 대'라는 세대의 수입니다. 오늘날에는 아라비아 숫자가 전 세계적으로 사용되지만, 고대 지중해 세계의 히브리어나 그리스어, 라틴어 등은 숫자를 따로 갖고 있지 않았습니다. 대신 알파벳으로 수를 나타냈지요. 각각의 글자에는 고유한 수가 부여되어 있었습니다. 그러니 글자의 조합인 단어나 문장 역시 일정한 수치를 갖게 됩니다. 이렇게 알파벳으로 숫자를 표시하면서 거기에 뜻을 담는 것을 게마트리아(Gematria)라고 하지요. 그러면 '14'는 무엇을 나타낼까요? 이것은 이스라엘의 가장 위대한 왕으로 칭송을 받는 다비드(데이비드, 다윗)의 이름 수입니다. 히브리어에서 'ㄷ'의 음가를 나타내는 알파벳은 '4'를 'ㅂ'은 6입니다. 모음이 따로 없으니 다비드의 이름은 4+6+4, 곧 14가 되지요. 족보의 시대 구분을 14로 하는 것은 이 족보가 다비드 왕의 족보임을 드러내는 것입니다. 그런데 새로 태어나는 이 왕은 어떤 왕인가요? 우리가 지금까지 읽어왔듯이 위대한 왕의 잘못을 고발하는 동시에 혈통주의와 도덕주의와 가부장제를 거부하는 왕입니다. 기존 질서를 형식적으로 계승하면서도 동시에 완전히 해체하는 왕입니다.

역설과 해체

여기 그리스도의 가계도가 있습니다. 12세기에 출간된 '기쁨의 정원'
이라는 뜻의 책 〈호르투스 델리키아룸(Hortus Deliciarum)〉에 나오는 그
림으로, 예수가 탄생하기까지 앞 세대 사람들을 나타낸 겁니다.

이 족보가 알려주는 예수의 정체는 무엇인가요? 예수는 왕이자, 이
스라엘의 신인 야훼가 왕위를 약속했다는 다윗의 후손입니다. 그런데
그는 인종주의, 성차별주의, 엘리트주의, 성공주의, 혈통주의, 도덕적
자기중심주의를 해체하고 오는 왕입니다.

대단히 역설적인 존재입니다. 족보의 정신, 곧 신이 인간 사회에 개
입해서 역사를 이끌어간다는 족보의 정신과 족보 해체의 정신을 동시
에 지닌 왕이니까요. 그림에서 라틴어로 적힌 부분을 보면, '도미누스
데우스 플란타토르(Domunus Deus Plantator)', 이렇게 되어 있습니다.
'주님이신 신께서 심으셨다'는 뜻입니다. 그처럼 고대해온 왕인데 그
왕이 역설적인 존재라는 이야기입니다. 그는 앞으로 족보의 정신과 족
보 해체의 정신을 동시에 구현할 겁니다. 벌써부터 재미있습니다. 이것
이 바로 고전의 맛 아닐까요. 뭔가 쌓아놓고 그걸 뒤흔드는 왕!

이 당시 적지 않은 유대인은 '바빌론 포로 시대'를 살고 있다고 여
겼습니다. 바빌론 포로라는 건 다름 아닌 식민 지배를 받는다는 뜻입니
다. 그 역사를 간략하게만 말씀드리겠습니다. 추정하기로는 기원전 15
세기 혹은 13세기에 이집트에서 탈출한 히브리인들이 이스라엘이라는

헤라드, 〈호르투스 델리키아룸〉, 1180

나라를 세우고 살았습니다. 이스라엘의 왕 다윗과 그 아들 솔로몬 이후로 나라가 북이스라엘과 남유다로 나뉩니다. 그리고 북이스라엘은 아시리아에게 기원전 722년에, 남유다는 기원전 587/586년에 바빌로니아에게 망합니다. 바빌로니아는 지금의 이라크 땅에서 탄생하고 성장한 제국입니다. 그때 바빌로니아제국은 예루살렘을 초토화한 후 상당한 수의 유대인을 제국 여러 곳으로 끌고 갑니다. 『구약성서』 혹은 『히브리성서』의 「시편」 127편은 그때 전쟁 포로이자 노예가 되어 끌려간 유대인들이 원한에 사무쳐 부른 시편이지요. 이후 페르시아제국, 헬라제국, 로마제국이 차례로 지중해 세계의 패권을 차지했습니다. 그러나 유대인은 바빌로니아 제국 이후 완전하고 실질적인 독립이 이루어지지 않았다고 판단했고, 그런 의미에서 자신들이 여전히 '바빌론 포로'로 살고 있다고 여겼습니다.

예수는 기원전 4년에서 기원후 6년경에 태어났다고 알려져 있습니다. 그러니까 500년간 식민지였던 셈이지요. 그사이에 80년간 독립을 한 적이 있기는 합니다. 헬라 제국에 속하는 셀류키두 왕조와 신흥 강국 로마가 서로 싸우다 셀류키드 왕조의 지배력이 약해진 틈을 타 유대인이 잠깐 독립했고, 하스모니안 왕조를 세웠어요. 그러나 기원전 63년에 로마제국의 식민지가 됩니다. 그러니까 유대인이 겪은 바로는 500년간 식민지였습니다. 우리는 36년간의 식민 지배도 그렇게 원통한데 500년간 식민지라니, 유대인의 심정은 어떠했을지 짐작하기 어렵습니다.

구원에 담긴 정치적 의미

바로 그 식민지 시절에, 유대인 앞에 예수라는 존재가 탄생합니다. 「마태복음서」는 예수라는 이름의 뜻을 밝히고 있습니다.

> 20. 주님의 천사가 꿈에 그에게 나타나 이렇게 말하였다! "다윗의 후손 요셉, 그대의 부인 마리아를 데리고 오는 것을 두렵게 생각하지 마시오. 마리아는 성령을 통해 임신한 것이오. 21. 아들을 낳을 것인데, 이름을 예수라고 하시오. 그가 그의 백성을 그들이 지은 죄로부터 구원할 것이기 때문이오."

첫 강의에서 성경을 역사비평적으로 읽자는 이야기를 했습니다. 그럼 여기서 '죄로부터 구원할 것'이라는 말을 들을 때 1세기 사람들은 어떻게 생각했을까요? 오늘날 대다수 사람은 이것이 종교적인 죄이자 도덕적인 죄이고, 거기로부터 구원받는다는 생각을 합니다. 죄로부터의 구원과 죄의 소멸을 종교, 도덕적으로 해석합니다. 그러나 1세기 그레코-로마 세계에 사는 사람들이 들을 때는 달랐습니다. 그 어구를 정치, 군사적인 것과 따로 뗄 수 없었지요.

예를 들어 1강에서 언급한 베르길리우스가 로마의 초대 황제로 불리는 옥타비아누스를 '로마를 죄로부터 구원했다'고 찬양합니다. 그 당시의 '죄'는 내전과 그로 인한 혼란을 뜻합니다. 내전에서 기인한 혼란과 파괴들, 거기에서 벗어나도록 구원해준 존재가 옥타비아누스라는 뜻이지요. 그리고 이 옥타비아누스가 황금시대를 회복한다고 이야기했습니다. 예전에 로마의 농경 신 사투르누스가 있었는데 그 신이 다스리던 시대를 황금시대라고 불렀습니다. 그 시대를 옥타비아누스가 회복할 거라고 선전한 것이지요. 이것이 바로 로마를 죄로부터 구원했다는 말의 의미이고, 당대 사람들은 구원을 그렇게 해석했습니다.

23. 얼마나 놀라운 일인가! 동정녀가 임신을 해서 아들을 낳을 것이다. 그 이름을 임마누엘이라고 부를 것이다.

예수란 이름, 그다음에 임마누엘이라는 이름이 나왔습니다. 임마누엘은 '신이 우리와 함께한다'는 의미인데, 이 말을 들을 때 1세기 그레코-로마 사람들은 무슨 의미인지 곧바로 알아차립니다. 앞에서 유대인이 80년간 독립한 적이 있다고 했지요. 그때 유대인과 전쟁을 벌인 시리아의 통치자는 안티오코스 에피파네스 4세입니다. '에피파네스'는 '신의 현현'이라는 뜻입니다. 어떤 사람이 죄로부터 백성을 구원하고 신이 현현한 존재다, 그 말을 1세기 사람들이 들을 때 '그 사람 통치자라는 말이군. 신이 함께하는 통치자라는 이야기네' 이렇게 받아들입니다.

새로운 통치자를 맞이하는 법

「마태복음서」를 보면, 예수가 태어났을 때 사람들의 반응이 두 부류로 나뉘었다고 합니다. 첫 번째 반응은 바로 윌리엄 블레이크(William Blake)의 그림에서 볼 수 있습니다. 갓 태어난 예수를 경배하러 온 동방박사들(Magos)이 보입니다. 동방박사는 말하자면 동쪽에 있는 지식인입니다. 이들은 왕의 통치에 여러 조언을 하는 이들로, 그들에게 필수적인 지식이 점성학입니다. 당시 페르시아 쪽의 점성학 전통은 하늘의 별자리 흐름을 12궁도로 나누었는데, 왕의 궁도에 특정한 별이 들어가면 새로운 왕이 탄생한다는 이야기가 전해졌습니다. 바로 그 일이 이때 벌어졌다고 마태는 기록합니다.

하지만 동방박사들이 왕의 궁도에 든 별 때문에 유대 땅까지 온 것은 아닙니다. 또 다른 예언이 있었기 때문이지요. "로마의 동쪽으로부터 일어난 왕이 로마제국을 몰락시킬 것이다"라는 신탁이었습니다. 그 동쪽이 유대 땅이고 그곳에서 태어난 왕은 다윗의 후손일 것이라는 해석이 널리 알려져 있었지요. 통치자의 입장에서 보면 루머 혹은 유언비어이지만 신경을 안 쓸 수가 없었습니다. 실제로 기원전 63년 로마제국이 예루살렘을 정복하고 난 후 다윗의 후손들을 불러다 실상을 조사했다는 기록도 있습니다. 전하는 이야기에 따르면 후손들이 별 볼 일 없어 그냥 돌려보냈다고 합니다.

「마태복음서」의 일차 청중은 이 장면에서 두 가지를 동시에 떠올렸

윌리엄 블레이크, 〈동방박사의 경배〉, 1799

을 겁니다. '왕의 별이 특정한 궁도에 들어갔구나. 그리고 동쪽으로부터 일어난 그 왕이 로마를 무너뜨리고 통치한다는 예언이 실현되는 것이구나.' 일차 청중에게 동방박사들의 방문은 위의 두 가지 신탁과 점성학의 결과로 이해되었을 것입니다.

저는 공부하는 사람으로서 동방박사를 보면 부럽습니다. 그들은 열심히 공부하고 진리에 헌신하지요. 그러다가 어느 순간 진리로 향하는 길을 보고, 온갖 고통과 고난을 겪으면서 그걸 추적합니다. 그리고 마침내 진리를 발견합니다. 이 세상에 그만큼 흥미진진하고 행복한 일이 있을까요.

이들은 자기가 가진 가장 귀중한 것을 그 진리 앞에 내놓습니다. 이 그림이 그 모습을 표현하고 있습니다. 자연의 빛이 무대의 핀 포인트 조명처럼 마리아와 예수를 비추고 있습니다. 마리아의 자세는 마치 왕좌 같고, 갓 태어난 예수가 꼿꼿이 서서 동방박사들의 경배를 받습니다. 실제 모습은 아니었겠습니다만, 왕으로 태어난 사람의 기품과 정신을 표현하기 위해서 이렇게 그렸을 것입니다.

대학살을 부른 크리스마스

한편, 예수가 태어났을 때 다르게 반응한 사람들이 있었습니다. 대표적인 인물이 바로 헤롯 대왕입니다. 헤롯은 예수가 태어날 당시에 유대인의 왕이었는데 이 사람은 평생 혈통 콤플렉스를 가지고 있었습니다. 어머니는 유대인이었지만, 아버지는 이스라엘 아래 서남부 지역 이두메라는 곳 출신이었습니다. 그는 "유대인의 왕이라지만 진짜 유대인은 아니다"라는 비아냥을 듣는 듯 권력과 혈통에 집착했습니다. 그는 통치의 정당성을 얻고자 대규모 건축 사업을 많이 벌였습니다. 지금도 잔해가 남아 있는, 유대인의 역사상 가장 위대한 건물인 예루살렘 성전을 지었습니다. 그러나 자신의 왕권을 지키기 위해 폭정을 서슴지 않았습니다. 자기 아들이라도 반역을 꾀할 것 같으면 그냥 죽여버렸지요. 당시 로마 정가에는 '헤롯의 아들로 태어나느니 헤롯의 돼지로 태어나는 게 낫다'라는 말이 돌 정도였습니다. 이는 일종의 언어유희로, 그리스어 '아들(υἱός, 휘오스)'과 '돼지(ὗς, 휘스)'의 발음이 유사했던 것을 활용한 조소였습니다. 전하는 이야기에 따르면 그는 잔혹한 일을 많이 저질러서 죽음을 앞두고 자신을 위해 울어줄 사람이 없을 것이라고 걱정했습니다. 그가 고안해낸 해결책은 자신이 죽기 전에 예루살렘에서 유명하고 존경받는 사람들을 죄다 감옥에 가두는 것이었습니다. 이후 부하한테 명하기를, 자신이 죽으면 그 사람들을 같이 처형하라고 합니다. 자기를 위해 울어줄 사람이 없으니까 그들이 죽을 때 울어주는 사람들의 울음을 대신 받겠다는 겁니다.

이런 헤롯 왕에게 동방박사들이 찾아와, 유대인의 왕으로 태어난 사람이 어디 있느냐고 물어보니, 왕궁이 발칵 뒤집혔겠지요. 헤롯 왕은 자신의 신하와 지식인을 통해 '유대인의 왕'으로 태어난 아기의 행방에

루벤스, 〈유아 대학살〉, 1611~1612

관해 조언하고, 이후 자신도 경배하고 싶으니 아이를 찾으면 알려달라고 말합니다. 그러나 동방박사들은 꿈에 헤롯에게 아이의 존재를 알리지 말라는 경고를 받고는 그냥 자신들의 고향으로 돌아가버립니다. 헤롯 왕은 약 2년을 기다리다가 참을 수 없는 지경이 되자 아이가 태어난 곳으로 짐작되는 베들레헴에 있는 두 살 이하의 남자 아기를 모조리 죽이기에 이릅니다.

이 이야기를 벨기에 화가 루벤스(Peter Paul Rubens)가 〈유아 대학살〉이라는 그림으로 표현했습니다. 끔찍한 장면입니다. 아이를 들어 메쳐서 죽이는가 하면, 이미 죽은 아이의 피가 흥건하고, 또 그 시체는 퍼렇게 변해 있습니다. 죽은 아이를 바라보는 엄마의 눈에 절망이 보입니다. 그 옆에는 할머니로 보이는 사람이, 아이를 찌르는 칼을 손으로 부여잡고 있습니다. 이렇게 한쪽에서는 동방박사들의 경배가 있고 다른 한쪽에서는 그 아이를 죽이려는 시도가 있었습니다.

흔히들 크리스마스가 되면 아름답고 따뜻한 화이트 크리스마스를 떠올리고 즐거운 캐럴을 부릅니다. 그러나 저는 크리스마스가 되면 루벤스의 그림이 떠오릅니다. 코벤트리 캐럴(Coventry Carol)이라는, 우리나라에는 잘 알려지지 않은 크리스마스 캐럴이 있습니다. 그 노래는 헤롯 왕의 유아 대학살을 고발합니다. 헤롯 왕의 군사에 의해 죽임을 당한 아이를 안은 어미의 "잘 자라, 내 아기"로 시작하는 그 노래의 가사는 가만히 듣기 어려운 내용입니다. 여러분도 들어보시기를 권합니다. 그 노래를 들으시면 크리스마스의 또 다른 의미를 느낄 수 있을 것입니다.

어떤 진리가 태어났을 때 그것을 자기의 모든 생을 바쳐 경배하고 받아들이는 사람이 있는가 하면, 자신의 권력과 기득권을 지키기 위해서 살육에 나서는 사람이 있습니다. 이게 인간의 모습이고 역사의 현실임을 「마태복음서」는 보여줍니다. 그리고 거기서 가장 약한 존재들이 가장 먼저 희생당해왔습니다.

희생에 어떻게 응답할 것인가

그 후 예수의 삶은 어떻게 되었을까요. 예수는 천사의 도움을 받아 태어나고 곧 자신이 태어난 베들레헴을 떠납니다. 난민 가족이 된 것이지요. 태어난 '유대인의 왕'은 '난민'입니다. 그림 두 점을 봅시다. 하나는 이탈리아 화가 조토(Giotto di Bondone)의 작품이고 하나는 네덜란드 화가 렘브란트의 작품입니다. 조토의 그림은 고귀한 귀부인의 행차 같습니다. 아기도 당당해 보입니다. 고생한 기색은 전혀 없고, 천사의 인도도 받고 있습니다. 수행하는 사람들도 보이고요. 오른쪽 남자는 마리아의 남편인 요셉입니다.

반면에 렘브란트의 그림에서는 빛이 발아래만 비추고 있습니다. 어디로 갈지 앞길을 알 수가 없습니다. 아기는 엄마를 보고, 엄마는 남편을 보고, 남편은 어둠을 봅니다. 아이와 엄마를 태운 노새도 이미 충분

조토 디 본도네, 〈이집트로의 피난〉, 1304~1305

렘브란트, 〈이집트로의 피난〉, 1627

히 지쳤습니다. 노새 입장에서 그나마 다행인 것은 이 난민 가족의 짐이 단출하다는 것이지요.

헤롯 왕의 폭정을 피한 예수 가족에 연민이 가다가도 해결되지 않는 의문이 생깁니다. '그래, 예수가 그런 일을 겪었구나. 그런데 죽지는 않았잖아. 아기들을 죽인 사람이 예수는 아니지만 예수 때문에 죽은 건 맞지 않나? 베들레헴의 수많은 어린아이가 죽었잖아. 이게 왕이고 구세주인가?' 당시 사람들도, 죽은 아이들도 이와 같은 질문을 던졌을 것입니다.

제가 보기에 예수는 바로 이 물음에 답하는 것으로 자기 인생을 살아가는 것 같습니다. 나 때문에, 내가 태어난 탓에 사람들이 죽었다면 나는 그 죽음에 어떻게 응답할 것인가. 생각해보면 우리 모두 누군가의 죽음과 희생의 결과물이 아닐까 합니다. 우리가 수정되어서 태어날 때는 어머니가 우리에게 자궁을 내어주었습니다. 그런 식으로 계속 용납받고 용서받아서, 가깝고 먼 사람들의 양보와 희생 덕분에 여기까지 온 셈입니다. 그렇다면 그 용납과 희생과 헌신에 어떻게 응답할 것인가. 그게 삶이 우리에게 준 과제이자, 살아가는 하나의 이유와 목적이 됩니다. 난민이 되었지만 자신과 관련하여 목숨을 잃은 저 많은 베들레헴의 아이들, 그리고 그 부모의 절규에 예수는 삶으로 응답해야만 하지요.

제3강

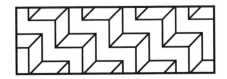

격돌하는 두 질서

'회개한다는 것'에 대하여

지난 강의는 예수의 가족이 피난민 가정이 되었다는 이야기로 끝을 맺었습니다. 어떤 사람이 난민이 될까요? 사회의 약자가 위기 상황에 그나마 가지고 있는 자산을 모두 잃고 정처 없이 떠돌게 됩니다. 대한민국 현대사에서 빼놓을 수 없는 경제 사건은 아마 1990년대 말의 외환위기, 흔히 말하는 IMF 사태일 것입니다. 그때를 회고하면 너나없이 모두가 힘들었다고들 합니다. 그러나 과연 그럴까요? 이른바 넉넉한 사람들에게는 도리어 기회가 아니었을까요?

　로마제국은 지중해 세계를 제패했습니다. 한 역사학자의 말에 따르면 당시 로마제국은 오늘날 미국과 중국을 합쳐놓은 정도의 세력이었다고 합니다. 시대를 지배한 로마 지배자들은 자신의 통치를 '팍스 로마나(Pax Romana)'라고 불렀습니다. '로마의 평화'라는 뜻이지요. 자신의 통치가 평화와 질서와 안정을 가져왔다는, 자기중심적 시각입니다. 그러나 로마제국에 정복당한 한 부족장은 정반대되는 말을 남겼습니다. "로마인들은 우리 도시를 무덤으로 만들어놓고 그것을 평화라고 불렀다." 그렇습니다. 누구에게는 평화의 시대일지 몰라도 다른 누구에게는 굴욕의 시대이고, 누구는 번영의 시대라고 말하지만 반대편에서는 가난이 심화된 시대입니다.

난세를 살아가는 네 가지 방법

혜롯 왕의 무자비한 통치와 권력욕이 유대 사회 전체를 지배했지만, 유대 민중에게만은 그의 목소리가 영향력을 미치지 않았습니다. 유대 민중의 마음을 얻고자 경쟁하는 네 지도적 그룹이 있었습니다.

첫 번째 그룹은 혜롯 왕과 '사두개'라고 불리는 사람들의 연합입니다. '사두개' 사람들의 모임을 흔히 '사두개파'라고 부릅니다. 사두개인은 예루살렘 성전의 제사장 역할을 하면서 사두개파로 모여 로마제국의 체제에 부역했고, 로마의 대리 통치를 도왔습니다. 혜롯 왕은 물론이고 이후 팔레스타인의 통치자들은 어떤 일을 행할 때면 모두 로마의 승인을 받아야 했는데, 제사장 중에 으뜸인 대제사장 임명도 로마의 영향력이 미칠 수밖에 없었습니다. 혜롯 왕의 가문이 친(親)로마인 것은 두말할 것도 없으니, 그 가문과 사두개파는 로마 지배 체제의 적극 협력자였던 셈입니다. 이들은 실제 권력과 현실적 지배력을 누렸습니다. 우리나라 일제강점기로 빗대면 혜롯 가문과 사두개파는 친일파라 할 수 있지요.

　두 번째로 사회개혁 운동을 하는 엘리트 계층의 사람들이 있었습니다. 일제강점기 독립운동가 중에 민족주의 세력을 떠올리면 이들을 이해하기 쉽습니다. 민족계몽 등을 설파하는 독립운동가들 말이지요. 유대인 가운데 이런 방식을 택한 이들은 바리새인이고, 그 모임을 바리새파라고 부릅니다. '바리새'는 '분리'라는 뜻입니다. 거룩한 것, 곧 신과 그의 뜻을 위해 스스로 구분되는 운동을 하는 이들입니다. 이들은 이스라엘의 신인 야훼가 준 법, 곧 '율법'을 모든 유대인이 제사장 수준으로 지켜야 한다고 주장했습니다. 무리해서 비유하면, 오늘날 일반인에게 성직자처럼 살라고 한 셈이지요. 유대인 전반이 그런 수준에 도달할 때 이민족의 지배가 거의 불가능해지고 이스라엘의 신 야훼가 유대인에게 해방을 선사할 것이라고 믿었습니다. 그러니 그들은 야훼의 뜻이 담긴 법을 철저하게 지키고 살면서 다른 사람들도 그렇게 살라고 가르쳤습니다. 요새 말로 법률주의자로, 그들은 율법을 따르지 않는 이들을 '죄인'이라고 부르면서 공격했지요. 로마 지배 체제에 부역하면서 동족에게 세금을 걷는 세무공무원이나, 율법을 지킬 여력이 없는 성매매 여성 등은 대표적으로 '죄인'으로 불렸습니다. 바리새파 사람들은 개전의 여지가 없는 죄인과 세리를 배제하는 방식을 취합니다.

　밀도 높은 억압 사회에 사는 사람은 또 어떤 삶을 택할 수 있을까요? 도피, 은둔도 하나의 방법입니다. '이 꼴 저 꼴 보기 싫으니 떠난다' 하는 정서도 있었고, 사회에서는 도저히 신의 뜻을 따를 수 없으니 피하려는 심정도 있었습니다. 은둔자들 가운데 가장 유명한 사람들의 모임은 에세네파입니다. 그들은 광야 혹은 사막으로 떠나 집단생활을 하면서 야훼가 기적적으로 이방 지배자들을 물리치고, 예루살렘 성전이 회복되는 날을 기다렸습니다. 은둔 수도원으로 비유하면 적절할지 모르겠습니다. 일제강점기로 비유하면 신사참배나 창씨개명 등에 응하기 싫은 이들이 금강산으로, 간도로 떠나 집단을 이루고 사는 것과 유사할 수 있습니다.

마지막으로 무장 항쟁파가 있습니다. 우리로 보면 홍범도, 김좌진 장군 같은 사람들입니다. 이런 이들 가운데 대표가 될 만한 사람이 '갈릴리의 유다'입니다. 이 사람은 납세 거부 운동을 했습니다. 납세라는 것은 세금 징수자를 주인으로 인정하는 행위인데, 그것을 거절하는 것이지요. 이들은 성서에서 '도적떼'로 불리기도 합니다. 로마 군대와 전면전을 택하기보다는 주로 테러와 약탈을 했거든요. 결국 민중의 마음은 무력항쟁을 하던 이들에게 쏠렸습니다. 결과론적인 말이지만 이들이 주도하던 대로마항쟁(66~70)은 결국 실패하고 유대 사회는 초토화되었지요. 이렇게 크게 네 개의 분파가 유대에 있었고 이들의 세력이 펼치는 자장(磁場) 속에 유대 사회가 형성되었습니다. 예수, 그리고 예수의 운동에 함께한 사람들도 이러한 지형 속에서 그 위치를 찾아볼 수 있습니다.

이번 강의에서는 예수와 세례자 요한을 중심으로 두 개의 질서가 격돌하는 두 장면을 보려고 합니다. 세례자 요한은 예수보다 먼저 예수의 길을 걸었던 선구자 격인 사람입니다. 두 질서가 격돌하는 첫 장면은 요한과 그를 적대하는 세력의 대결입니다. 이 경우 현실에서의 대결을 보여줍니다. 그다음 장면은 예수의 유혹 혹은 예수의 시험이라고 알려진 신화적인 장면으로, 예수가 사탄의 세력과 어떻게 대결하는지를 볼 수 있습니다.

오독과 참뜻

세례자 요한을 소개하는 「마태복음서」 3장에서는 이렇게 씁니다.

> 1. 세례자 요한이 활동을 시작하던 때 그는 유대 광야에서 선포하였다. 2. "회개하시오. 하늘나라가 이미 가까이 왔습니다." 3. 이 사람은 예언자 이사야가 말한 사람이었다. "광야에 울부짖는 소리가 있다. 주님이 오시는 길을 준비하라는구나. 그분의 길을 고르게 하라는구나."

광야라는 활동 공간은 굉장히 중요합니다. 광야는 사막과 같은 곳인데, 그곳은 유대인에게 상징적인 장소입니다. 그들의 척박한 삶과 역사를 압축한 곳이자, 신이 어떻게 자신들을 도왔는지 떠오르게 하는 곳입니다. 곧 고난과 시험, 신의 인도와 보호가 한꺼번에 응축된 상징 공간이 광야입니다. 그 광야에 세례자 요한이 서 있습니다.

광야의 반대편 공간은 문명의 집결체인 도시입니다. 세례자 요한은 인간이 쌓아온 문명과 문화를 상징하는 도시를 떠나 광야로 갑니다. 그러니까 기존 체제에서 이탈한 것입니다. 세례자 요한은 앞서 은둔자들이라고 소개한 에세네파 출신으로 알려져 있습니다.

광야에서 은둔 생활을 벗어난 요한이 외쳤습니다. "회개하시오. 하늘나라가 이미 가까이 왔습니다." 바로 이 외침, 일종의 슬로건을 예수가 그대로 받아들입니다. 비유하자면 이어달리기에서 뒤에 오는 주자에게 바통을 건네주듯이, 이 슬로건과 거기에 내포된 의미를 세례자 요한이 들고 뛰다가 예수에게 건네줍니다.

요한의 저 외침은 오늘날 비종교인뿐 아니라 많은 기독교인도 오해하는 구절입니다. 회개하라는 말부터 그러합니다. 회개하라고 하면 뭔가 기분 나쁘지요. 내가 뭘 잘못했나 싶고, 잘못한 것도 별로 없는데 회개하라니 언짢습니다. 그런데 세례자 요한이나 예수가 말한 '회개하라'는 것은 도덕적, 윤리적, 법적 죄를 돌이키라는 뜻 이상입니다. '삶의 방식 자체를 돌이키라'는 의미이지요.

예를 들면 이런 것입니다. 군대 행군을 생각해봅시다. "앞으로 가!" 그러면 앞으로 가다가 "뒤로 돌아 가!" 하면 뒤로 돌아가잖아요. 어떤 목표 지점이 있다고 해봅시다. 그 목표지를 향해 가라고 하면 그곳을 향해 가겠지요. 그러다가 목표지가 바뀌면, 어떻게 하나요? 가는 방향을 전환합니다. 바로 이것이 요한이 말한 회개의 원뜻입니다. 돌이키는 것. 방향 전환. 기존 질서에 따라 걷지 않고 다른 방식으로 사는 것.

지금 우리말로 평이하게 풀면 "여러분, 우리 삶의 방식을 바꿉시다"가 될 것입니다.

왜 삶의 방식을 전환해야 할까요? '하늘나라'가 가까이 왔기 때문입니다. '하늘나라'도 숱하게 오해를 받습니다. '하늘'은 크게 나누면 두 용례가 있습니다. 하나는 물리적 공간으로서 하늘이지요. 영어로는 스카이(sky)라 하지요. 다른 하나는 상징 공간으로서 하늘이 있습니다. "하늘이 무섭지 않은가"나 "하늘이 무너져 내리는 것 같다" 등에서 '하늘'은 물리적 공간이 아닙니다. 전자의 '하늘'은 보편적 도덕의 실행자를 에두르고, 후자의 것은 자신의 현재 상태를 유지하고 있는 기반을 뜻하지요. 영어로는 헤븐(heaven)이라고 합니다.

요한이 하늘나라라고 할 때 하늘은 물리적 공간이 아닙니다. 그 하늘은 신적인 존재가 있는 공간을 가리키는 상징입니다. 요한은 유대인이니 이스라엘의 신 야훼가 임재하고 통치하는 상징 공간으로서 '하늘'을 뜻합니다. '나라'라는 것은 통치자가 영향력을 미치는 범위 혹은 영역을 뜻합니다. 그러니까 하늘나라는 신의 통치를 가리키고, 요한은 지금 신의 통치가 임하니 현실 세계의 지배자들이 구획해놓은 질서에서 돌이키라고 촉구하는 것입니다.

3장 2절은 간략히 이렇게 해석할 수 있습니다. "여러분, 삶의 방향을 전환합시다. 신의 질서가, 신의 통치가 바로 이곳으로 오고 있습니다." 따라서 이 말은 "예수 천당 불신 지옥" 하고는 아무런 상관이 없습니다. '하늘나라'는 죽어서 가는 천당을 가리키지 않습니다. 『구약』에는 훨씬 더 그러하지만, 『신약』에는 사후 세계에 관한 관심이 크지 않습니다. 기독교 문화권의 사후 세계에 관한 이미지는 단테의 『신곡』에서 형성된 것이라고 말하는 학자가 있습니다.

기독교는 은둔하는 종교가 아닙니다. 세례자 요한이 에세네파에서 광야로 나왔듯, 역사의 한복판으로 나오는 종교입니다. 신의 통치가 이 땅에 '온다'는 것이지, 죽어서 '가는' 저곳을 바라보라는 것이 성서의 가르침이 아닙니다. 신의 질서가 여기로 옵니다. 그러니 그 새롭고 정의로운 질서에 편입하자는 것입니다. 이를 위해서는 구체제에 길들여 살던 우리 삶의 방향이 전환되어야 하겠지요.

이런 예를 들어보겠습니다. 학자들의 오랜 연구 결과로, 우측통행보다 좌측통행을 했을 때 교통사고 사망률이 크게 낮아진다는 결론이 나왔다고 가정합시다. 우측통행을 원칙으로 하던 나라에서 좌측통행으로 바꾸기로 했습니다. 그해 제헌절부터 전면 시행하기로 정해졌어요. "국민 여러분, 7월 17일부로 우측통행을 좌측통행으로 바꾸어 실시합니다." 그렇게 전 국민에게 공지를 합니다. 그러면 7월 17일부터 사람들은 차를 몰 때 좌측통행을 하겠지요. 그런데 바뀐 규칙을 미처 듣지 못했던지, 아니면 원래 우측통행을 해와서 몸에 익지 않은 탓인지, 일부 사람들이 우측통행을 계속하는 바람에 좌측통행하는 차들과 충돌을 해서 사고가 납니다. 그러면 규칙을 선포한 사람들은 지속적으로 계도를 할 겁니다. "좌측통행이 맞는 방법입니다. 이제 방향을 바꿔서 다니십시오." 예전에 살던 방식으로 살지 말자는 말입니다. 교도소에서 살면 교도소의 규칙대로 살지만, 학교에 간다면 학교의 규칙을 따라 살아야 합니다. 요한의 "회개하시오. 하늘나라가 가까이 왔습니다"를 바꿔 말하면, 이런 뜻 정도가 되지 않을까요. "여러분 삶의 방식을 바꾸세요. 신의 정의와 평화와 사랑이 지배하는 그 질서가 여기에 임합니다."

요한의 선포는 체제를 전면적으로 부정하는 것입니다. 3장 3절을 보면 요한을 두고 "광야에 울부짖는 소리가 있다"라고 합니다. 굉장히 멋있는 표현입니다. '광야에 울부짖는 사람이 있다'가 아니라 울부짖는 '소리'라니요. 세례자 요한은 소리 그 자체였던 거지요.

기존 체제를 향한 정면 도전

4. 그는 낙타 털옷을 입고, 허리에 가죽 띠를 매고, 메뚜기와 들꿀을 먹었다. 5. 그때 예루살렘과 온 유대와 모든 요단강 주변 사람들이 그에게 나아갔다. 6. 그들은 자기들의 죄를 고백하면서 그에게 세례를 받았다.

광야는 사막과 같아 풀도 거의 없는데 메뚜기와 들꿀이 많을 리 없습니다. 그러니 요한은 금욕적이고 고행의 삶을 살았던 듯합니다. 그의 메시지가 그 시대에 전혀 새로운 것은 아니었지만, 그의 낙타 털옷 복장과 허리의 가죽 띠 등은 종말에 온다는 이스라엘의 선지자 엘리야를 연상하게 했습니다. 유대인들은 요한이 풍기는 아우라와 메시지에 감동되었습니다. '모든' 사람이 그에게 나왔다는 기록은 과장이겠지만 그의 명성이 대단했음을 알려줍니다. 그만큼 믿을 만한 사람이 새로운 시대를 열어주기를 간절히 고대했다는 의미이겠지요.

요한에게 나아온 사람들은 죄를 고백합니다. 이는 예전 삶의 방식대로 살았던 자신들의 행태를 지속하지 않겠다는 결의입니다. 거짓과 불의와 추한지 모르고 살았던 삶을 돌이키거나 그런 줄 알면서도 짐짓 스스로를 속이던 삶에 더는 안주하지 않겠다는 것이지요. 그러고는 세례를 받습니다.

세례는 침례라고도 하는데, 일종의 입문의식입니다. 기원은 뚜렷이 밝혀지지 않았습니다. 다만 비유대인이 유대교로 개종할 때 행하던 의식이었다는 주장이 있습니다. 유대인이 자신의 민족이 신의 선택을 받은 '선민(選民)'이라 믿었고, 다른 사람은 그렇지 않다고 여겼다는 것은 잘 알려져 있습니다. 그런데 유대교인이 된다는 것은 신의 백성의 일원이 되는 것이니 '물'이라는 정화의 상징을 통해 유대교 개종자를 공동체에 편입하는 의식이 수행되었다고 합니다. 이런 주장에 따르면 혈통이 유대인이라고 해서 모두 다 선민이 아니고, 신의 뜻에 복종하는 것이 선민의 조건이라는 의미가 됩니다. 혈통을 중시하는 다수 유대인에게는 도발적인 사상이었지요.

세례의 원래 형태는 세례 청원자가 물로 나아오면 그를 물속으로 담갔다가 다시 들어 올리는 것입니다. 세례자가 직접 이 상징 행동을 돕기도 하고, 사람이 많은 경우에는 구호에 따라 스스로 물속으로 깊이 들어갔다가 나오는 경우도 있었습니다. 물은 정화와 죽음을 모두 상징합니다. 옛사람이 물속에서 죽고 깨끗이 정화된 새사람이 물 밖으로 나오는 일종의 '퍼포먼스'이지요. 물 밖으로 나온 사람은 옛 질서에서 돌이켜 새 질서로 삶을 구축해나감을 뜻합니다.

7. 많은 바리새인과 사두개인이 그에게 세례를 받으러 나아오는 것을 보고 그는 그들에게 말했다. "독사의 자식들! 누가 곧 닥칠 진노로부터 도망가라고 귀띔했소?"

이것이 죄와 회개, 그리고 새로운 질서에 관련된 문제인 만큼, 성전을 중심으로 유대 땅에서 지배 체제를 공고히 했던 사람들의 입장에서는 강한 도전을 받게 된 셈입니다. 그 당시에 성전은 입법, 사법, 행정을 모두 합한 기능을 수행했습니다. 곧 국회, 법원, 정부를 아우른 기관입니다. 그 성전에서 하는 가장 중요한 역할이 죄를 고백하게 하고 그 죄가 사해졌다고 이야기하면서 신의 용서를 선언해주는 것입니다. 그런데 세례자 요한이 그 일을, 예루살렘이라는 도시의 성전에서가 아닌 유대의 광야에서, 제사장이 집전하는 제의가 아니라 흐르는 자연물인 요단강에 담그는 것으로 행했습니다. 이것은 체제에 대한 정면 도전이면서 동시에 새로운 질서를 요청하는 상징 행위입니다.

요한은 바리새인과 사두개인이 세례를 받으러 오는 것을 보고는, 대뜸 "독사의 자식들!"이라고 욕을 합니다. '독사'가 주는 종교적인 부정적 함의를 고려하면 이것은 매우 심한 욕이며, 그들의 조상을 한꺼번에 끌어들인 비난입니다. 왜 이렇게 비난을 하는 것일까요?

진실 앞에 선 우리

요한의 입장에서 사두개인과 바리새인의 모습은 이러합니다. 예루살렘 성전을 중심으로 사두개인이 말합니다. "이것이 최선의 체제입니다. 여러분 불평하지 마세요. 우리가 이룬 이것이 합리성입니다. 왜 사회가 이렇게 되었겠어요? 다 나름대로 합리적인 이유가 있어서예요." 전형적인 보수적 관점입니다. 현재 질서가 최선이라면, 이에 대해 반항하는 것은 비도덕적인 욕심에서 비롯된 것일 뿐이지요. 다른 한편, 바리새인이 말합니다. "이미 이상적인 건 우리에게 있습니다. 우리가 구현을 못할 뿐, 그 이상은 다름 아닌 바로 신이 모세를 통해 내려준 그 법을 철저하게 다 지키는 겁니다." 그러나 그 법을 다 지키는 것은 평범한 사람이 할 수 없는 일입니다. 모세의 법은 단지 종교법만이 아니라 생활 전반을 대상으로 하는 규정으로도 가득한데, 무지해서이든 아니면 여러 사정에서이든 규칙을 지키기 어려운 사람들이 있기 마련이지요. 가령 정결법도 모세의 법에 속합니다. 손을 씻으라는 법도 정결법 규정인데, 우리가 볼 때 이것은 위생에 관련된 것이지만 바리새인은 그것을 종교적 엄격함으로 바라보았습니다. 그들은 손을 씻으라는 규정을 철저히 지키기 위해 손이 아니라 팔목까지 씻고자 했고 그 기준에 못 미치는 이들을 '죄인'으로 정죄하고 싶어했지요.

요컨대 현 체제를 최선이라고 말하는 사람들과, 반대로 이상적인 건 이미 주어져 있으니 그것을 잘 수행하는 게 중요하다고 하는 사람들이 있었습니다. 그리고 두 시선 중 어느 것도 당시 핍절한 유대인에게 희망이 되는 말은 아니었습니다. 현 체제가 최선이라는 주장 속에 고통당하는 이들, 법규 실행이 중요하다는 주장 속에 숨죽일 수밖에 없는 사람들은 삶의 소망을 찾을 수 없었을 것입니다. 그들 앞에서 세례자 요한은 완전히 새로운 세상을 말합니다. 그 세상은 기존의 질서를 완전히 부수고, 진정한 신의 통치가 이루어지는 세상입니다.

세례자 요한을 그린 렘브란트의 그림이 있습니다. 그림 속 요한은 정말 사람이 아니라 소리로 보입니다. 가슴에 손을 얹고 절규를 하는 요한. 그런데 그를 둘러싼 현실은 어떻습니까. 진리가 선포되는 현실을 보십시오. 아이들이 강둑에서 놀고 있고 한 엄마는 아이가 변을 누게 하지요. 몇몇 사람만 요한의 말에 주의를 기울일 뿐, 누구는 우는 아이를 달래는가 하면 한쪽에서는 개가 뛰놀고 개들끼리 교미하는 장면도 보입니다. 또 바리새인과 사두개인으로 보이는 사람들이 요한에게 등을 돌린 채 자기들끼리 뭐라고 수군거리고 있습니다. 뭔가 계획을 짜거나 '요한 저 사람은 안 되겠군' 하는 것일지도 모르겠습니다.

이것이 현실이지요. 오늘날 사람들의 반응도 이와 마찬가지 아닌가요. 진리가 눈앞에 드러나고 진실이 목소리를 냈을 때, 많은 사람이 일

렘브란트, 〈세례자 요한의 선포〉, 1634~1635

차적으로 반응하지만 끝까지 그 진리를 따르는 사람은 별로 없습니다. 대다수는 그냥 무심히 자기 일에 빠져 있거나, 보고도 모른 척하거나, 중요하다고 여기면서도 흘려보냅니다. 어떤 사람들은 그 목소리를 억누르고 지우려 합니다. 그런 현실을 렘브란트가 아주 잘 표현한 것 같습니다.

사람이 빵으로만 사는 것이 아니니

지금까지 요한과 그 반대 세력의 대결을 보았습니다. 다음에 볼 장면은 예수와 악마 간에 벌어진 대결입니다. 이것은 신화적인 색채를 띱니다. 4장을 봅시다.

> 1. 그 후 예수께서 성령에게 이끌리어 광야로 가서 악마에게 시험을 받으셨다. 2. 밤낮으로 사십 일을 금식한 후에 그분은 몹시 주리셨다. 3. 시험하는 것이 나아오더니 그에게 이렇게 말했다. "네가 하나님의 아들이라면 이 돌들이 빵이 되라고 말해라."

예수는 세례자 요한에게 가서 세례를 받습니다. 그의 후예가 되어 바통을 이어받은 셈입니다. 세례를 받고 올라오니 하늘에서 이런 소리가 들렸습니다. "이 사람은 내가 기뻐하는 사람이다. 이 사람은 내 아들이다." 하늘에서 난 소리는 신의 소리일 텐데, 예수가 신의 아들임을 확인하는 선언 이후에, 예수는 바로 성령에 이끌려 광야로 가서 악마의 시험을 받습니다.

세례자 요한의 이야기가 현실 모습이라면, 예수와 악마가 광야에서 만나는 장면은 초현실적인 영화의 한 장면 같습니다. 예수는 광야에서 악마에게 시험을 받습니다. 광야는 앞에서도 언급했듯이 시험받기에 적정한 장소입니다. 거기서 밤낮으로 40일을 금식했다고 합니다. 여기서 40이란 숫자도 상징적인 수입니다. 옛날 이집트를 탈출한 히브리인들이 광야를 헤맨 기간이 40년이고, 이스라엘 예언자의 대표 격인 엘리야가 광야를 돌아다닌 기간이 40일입니다. 예수의 40일은 충분한 고통과 시련과 굶주림을 상징하지요.

악마는 곤궁한 상태에 있는 예수에게 이렇게 말합니다. "네가 하나님의 아들이거든 이 돌들이 빵이 되라고 말하라". 이것은 무엇을 뜻하는 걸까요? 여기서 하나님의 아들, 즉 신의 아들은 어떤 존재일까요? 오늘날에는 신의 아들과 딸이라는 말이 너무 흔히 쓰이고 그런 만큼 별 의미를 두지 않지요. 하지만 고대 근동, 고대 지중해 세계에서 '신의 아들'로 불리는 사람이 누구인지는 명확합니다. 통치자 곧 왕입니다. 따라서 저 시험의 뜻은 이렇게 됩니다. "네가 왕이라면 빵을 만들어내라." 즉 먹고사는 문제를 해결하라는 이야기입니다. 즉, 40일을 금식한 예수 자신의 문제를 해결하는 것이고, 또 그렇게 하여 통치자의 자질을 드러내라는 뜻이지요. 누가 참 통치자인가. 어떻게 이 세상을 하늘나라의 질서로 바꿀 수 있는가. 그 과제를 푸는 첫 열쇠가 경제라는 것입니다. 우리나라 대통령 선거나 국회의원 선거 때도 보십시오. 항상 경제가 제일 중요하다고 하지 않습니까? 그들은 늘 경제가 위기라고 말합니다. 그러고서는 목적을 위해 수단을 정당화할 수 있다는 식의 '특단'의 조치를 공약으로 내걸기도 합니다.

예수가 이에 답합니다.

4. 그러나 그분은 이렇게 대답하셨다. "이렇게 기록된 말씀이 있다. '사람이 빵만으로 사는 것이 아니라 하나님의 입에서 나온 모든 말씀에 의지해 사는 것이다.'"

예수는 빵과 더불어 빵에 깃들어야 하는 가치를 말합니다. 나아가 빵과 더불어 그 빵이 어떤 삶을 위한 것인지를 우리가 끊임없이 물어야 한다는 것입니다. 지금의 말로 하면 경제 성장이나 생산성만을 좇지 말고 무엇을 위한 생산성인지, 어떤 가치와 목적을 지향하는 성장이고 생산인지를 성찰하라는 뜻이지요. 빵이 간절하다고 느끼는 그 순간에도 무엇을 위한 빵인지 그 가치와 방향을 묻지 않으면, 하늘의 질서가 구현되지 않는다고 예수는 말합니다.

낙관과 용기

잠시 시선을 돌려봅시다. 악마는 어떤 존재일까요? 저도 부모로서 자녀를 대할 때 가끔 악마의 얼굴이 됩니다. 이렇게 이야기할 때 특히 그렇습니다. "애들아, 먹고사는 게 얼마나 중요한지 아니? 그러니까 이왕이면 취업이 잘되는 학과에 가면 좋겠다." 대다수 부모가 이런 마음을 품고 있습니다. 오로지 그런 점만 이야기한다면 부모의 모습을 한 악마가 아닐까요. 또는 "너 꿈을 좇는 것도 좋은데 일단은 먹고사는 문제를 해결해야 되지 않겠냐?"라고 친구가 말하는 순간, 그 친구는 악마의 역할을 하고 있는지도 모릅니다.

이제 예수는 다음 시험을 마주합니다. 악마가 예수를 데리고 도시로 갑니다.

5. 악마가 그를 데리고 거룩한 도시로 가서 그를 성전 꼭대기에 세우고는 이렇게 말했다. 6. "만약 네가 하나님의 아들이거든 뛰어내려보아라. 이렇게 기록된 말씀이 있다. '그분이 너를 돌보라고 천사들에게 명령하여 천사들이 손수 너를 받아내어 네 발이 돌 위에 부딪치지 않게 하리라.'" 7. 예수께서 그것에게 대답하셨다. "이런 기록도 있다. '너의 주 하나님을 시험하지 말아라.'"

6절을 오늘날의 말로 바꾸면 이렇게 될 것입니다. "그 길이 안전한

지 두드려보고 가라." 이것은 인간이 가진 근원적인 욕구인 안전의 욕구와 관련된 시험입니다. 인간은 기본적으로 생존하고자 하고 그 생존 욕구는 안전과 익숙함을 따르게 합니다. 따라서 어떤 일을 기획하고 실행하고자 할 때 그것이 '안전'한지를 묻게 됩니다. 악마의 말, 곧 '뛰어내려 보아라'는 뜻한 길을 가기 위해 안전을 포기할 수 있느냐를 묻습니다. 악마는 신이 너를 기적적으로 지켜줄 것이라는 '믿음'을 확인받으라면서 예수를 시험합니다. 그러나 예수는 신의 보호가 자신이 가는 길에 함께 있을 것이라는 믿음을 무모한 방식으로 확인받기를 거절합니다. 신의 보호를 시험하기 위해 굳이 필요하지 않은 무모한 일, 곧 높은 곳에서 뛰어내릴 이유는 없습니다. 이것은 신에게 그의 보호를 자신에게 증명해달라는 요청인데, 명백히 불필요한 상황에서 그것을 어리석게 요청하는 것이지요.

그런 악마의 물음에 예수가 답합니다. "너의 주 하나님을 시험하지 말아라." 이것은 두 가지를 보여줍니다. 하나는 예수의 담담하지만 굽히지 않는 정신입니다. '시험하지 마라. 가야 할 길이니까 가는 거고, 이 길에서 신은 우리 편이다'라는 뜻의 낙관주의 정신이기도 합니다. 두 번째로는 지치지 않는 용기입니다. 통치자가 되려면 사람들에게 안전을 보장해야 한다고들 말합니다. 안정, 그리고 번영. 더없이 매력적으로 들리는 단어입니다. 그러나 안정과 번영만큼 악마적인 것도 없습니다. 그 둘을 위해 우리가 희생하는 것을 곰곰이 따져 계산해본다면 말이지요. 예수가 이야기합니다. 담담하고 소박한 낙관이 정신과 용기를 잃지 않고 갈 길을, 갈 길이니까 가는 것이 통치자의 길이라고. 섣부른 기대도, 성급한 낙담도 없이 내게 주어진 길을 가는 것이라고.

권력보다 중요한 것

8. 악마가 예수를 매우 높은 산에 데리고 가서 그에게 세상의 모든 나라와 그 영광을 보여주었다. 9. 그리고 이렇게 말했다. "네가 엎드려 내게 경배하면 너에게 이 모든 것을 내가 주마."

정말 악마답다고 할 만한 구절입니다. 여러분은 높은 산에 오르면 어떤 생각이 듭니까. '저 아래 보이는 것들을 다 가져야지' 하는 생각이 드나요. 대부분 그렇지 않을 겁니다. '너무 욕심내고 살았구나. 아등바등 살았네. 올라오니까 자연이 참 좋고, 저 아래 성냥갑처럼 보이는 아파트 저거 한 칸 사자고 그렇게 목을 맸나?' 이런 식으로 현실에서 떨어져 성찰하고, 잊고 살았던 고귀한 다른 삶을 생각합니다. 그런데 악마는 어땠나요. 높은 곳에 데려가서 권력을 제안하고 복종을 요구합니다. 권력을 얻고 싶으면 자기가 시키는 일을 하라고 말합니다.

10. 그러자 예수께서 그것에게 대답하셨다. "물러가거라, 이 사탄! 이런 기록이 있다. '너는 너의 주 하나님을 섬기고 오직 그분에게만 예배드려라.'"

이반 크람스코이, 〈예수의 광야에서의 시험〉, 1872

11. 그러자 악마가 그를 떠났다. 이후 천사들이 와서 그를 섬기는 놀라운 일이 일어났다!

예수의 답은 빵과 관련한 논리와 같습니다. 권력 그 자체가 중요한 게 아니라 권력을 가지고 무엇을 할지 그 가치를 먼저 생각하는 게 중요하다는 것이지요. 무엇을 위해 힘이 필요한지, 힘이 궁극적으로 향해야 하는 곳이 어디인지를 성찰하지 않으면 권력은 그것을 쥔 사람을 파멸시킵니다. 예수의 대답이 있자 "악마가 그를 떠났다. 이후 천사들이 와서 그를 섬기는 놀라운 일이 일어났다!"고 합니다. 참 아름다운 구절입니다. 예수가 번영과 안정과 권력에 관한 악마의 제안을 거절하니 천사들이 와서 함께했다는 것이지요. 우리를 유혹하는 '악마'를 거절하면 우리와 함께하는 '천사'들이 어느덧 우리에게 다가와 있지 않습니까.

앞의 그림은 이 이야기를 담고 있습니다. 예수는 홀로 앉아 스스로 묻고 답하는 사색의 한가운데 있습니다. 그저 가볍게 묻고 답하는 것이 아닙니다. 생사를 걸고 고투합니다. 꼭 쥔 손, 벗은 발, 깊은 눈, 숙인 고개는 시험을 치르고 있는 예수의 간절함과 진지함을 드러냅니다.

이번 강의에서는 두 대결 장면을 통해서 하늘나라와 회개, 그리고 예수에게 닥친 시험의 숨은 뜻에 대해 알아보았습니다. 시험에 처한 철학자 왕이 어떤 지혜를 가지고 우리에게 다가올지를 생각해보았습니다. 오늘도 같은 시험에 처했을지 모르는 우리는 어떤 선택을 해야 할까요. 함께 고민해보는 기회가 되었기를 바랍니다.

제4강

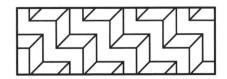

새 나라의 윤리와 지혜

철학자처럼, 통치자처럼

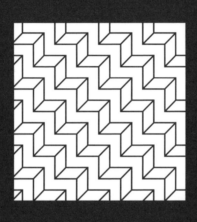

세례자 요한의 바통을 이어받은 예수는 홀로 경주하려 하지 않습니다. 그는 함께할 동료를 불러 모으기 시작합니다. 제자를 부르는 예수를 그린 그림이 있습니다. 아르헨티나 화가의 작품으로, 우리가 앞서 본 「마태복음서」 4장의 내용을 담고 있습니다. 예수가 있고, 그 앞에 배에 탄 사람들이 있습니다. 마치 아쿠아리움의 모습 같기도 합니다. 예수는 밖에 서 있고 사각 틀 안에 사람들이 있는 듯 보이죠. 배에 탄 사람들은 오른쪽을 향해 가고 있는데, 그리로 가본들 아쿠아리움 안을 벗어나지 못합니다. 한계 안에 머무를 뿐입니다. 예수는 틀 밖에 서서 사람들을 부릅니다. 틀 밖으로 나오라고 손짓을 합니다. 앞에서 배운 대로 말하면, 삶의 방향을 바꾸라고, 회개하라고, 신의 질서로 들어오라고 합니다.

　이번 강의는 그 지점에서 시작합니다. 사람들을 기존 체제와 질서로부터 불러냈을 때, 나온 사람들은 앞으로 어떻게 살아야 될까요? 사

호르헤 산타젤로, 〈부르심〉, 2015

회의 규칙이 우측통행이 좌측통행으로 바뀌었다고 알려주면 우리는 어떻게 해야 할지 바로 압니다. 누구에게 묻지 않아도, 다니던 길을 왼쪽으로 바꾸면 되니까요. 그런데 신의 질서가 임했으니 삶의 방향을 바꿔야 한다고 하면, 바로 알기가 어렵습니다. 어떻게 바꾸라는 말인지, 무엇을 하고 하지 말아야 하는지 묻게 됩니다.

그러한 질문에 대한 대답이 바로 「마태복음서」 5~7장에 걸쳐 나옵니다. 산상수훈(山上垂訓) 또는 산상보훈(山上寶訓)으로 알려진 예수의 가르침입니다. 그 구절들은 많은 사람에게 큰 영감을 주었습니다. 그곳에는 신의 질서로 나온 사람들이 어떻게 살아야 하는지, 무엇이 옳고 무엇이 그르며, 무엇이 가치 있고 그렇지 않은지를 분별하는 지혜가 담겨 있습니다. 산상수훈 가운데 핵심이 되는 몇 구절을 읽어보도록 하겠습니다.

악인에게도 해는 떠오른다

「마태복음서」 5장 43~44절부터 보겠습니다.

43. 옛사람들은 '그대의 이웃을 사랑하고 그대의 원수를 미워하라'는 말을 들었습니다. 여러분은 그것을 알고 있습니다. 44. 그러나 나는 진심으로 여러분에게 말합니다. 여러분의 원수를 사랑하십시오. 여러분을 박해하는 사

람들을 위해 기도하십시오.

여기서 옛사람들이 들은 말이란 『구약성서』를 가리킵니다. '이웃을 사랑하고 원수를 미워하라'는 말은 당연한 말로 들립니다. 사랑할 대상을 사랑하고 미워할 대상을 미워해야지, 반대가 되면 곤란한 것 아닙니까? 그런데 기존의 도덕률이 그와 같이 가르칠 때 예수는 말합니다. 그렇게 해서는 신의 나라를 가꾸어가며 사는 게 아니라고. 그리고 나서는 유명한 예수의 말, '원수를 사랑하라'고 합니다. 나아가 '여러분을 박해하는 사람들을 위해 기도하라'고까지 합니다. 그래야 신의 질서를 구축해갈 수 있다는 것입니다. 듣는 사람으로서는 납득이 안 가고 충격적일 수밖에 없겠지요.

이어서 예수는 다음과 같이 말합니다.

45. 이렇게 하면 여러분이 하늘에 계신 아버지의 자녀가 될 수 있습니다. 그분은 악한 사람이나 착한 사람 모두를 위해 해가 떠오르도록 합니다. 그분은 의로운 사람이나 불의한 사람 모두를 위해 비를 내리십니다.

하늘에 계신 아버지의 자녀, 즉 신의 자녀는 곧 통치자를 뜻합니다. 아버지의 자녀가 될 수 있다는 말은 신의 통치에 참여할 사람이 된다는 의미입니다. 그런데 '신은 악한 사람이나 착한 사람 모두를 위해 해가 떠오르도록, 비가 내리도록 합니다.' 선한 사람과 악한 사람 모두에게 삶에 필수적인 조건은 마련해주는 것이지요. 예수는 우리도 그렇게 해야 한다고 요청합니다. 그래야 신의 질서에 참여하는 것이라고요.

46. 여러분이 여러분을 사랑하는 사람들을 사랑한다면 어떤 상을 받을 수 있겠습니까? 세리라도 그렇게 합니다.

신의 질서를 지도자의 자격으로 구현하는 사람이 자신의 이득이나 선호에 따라 자기가 미워하는 대상을 마냥 미워하고, 자기가 사랑하는 사람에게만 혜택을 베풀려고 한다면, 그의 행동은 신의 질서를 구현하는 것이 아니라 자신의 질서와 나라를 건설하려는 것입니다. 그것은 당시 유대인이 멸시와 혐오를 보낸 존재였던 세리의 행동과 다를 바 없습니다. 사랑하는 대상을 사랑하고, 미워하는 대상을 미워하는 태도는 경멸받는 사람도 얼마든지 할 수 있지요. 자신을 사랑하는 사람을 사랑하는 일은 몹쓸 놈도 한다는 말입니다. 물론 더 몹쓸 놈이라면 그것도 하지 않겠지만요. 지도자로서 신의 질서를 구현해야 할 예수의 제자들은 신을 닮아야 한다는 뜻입니다. 신이 일단 선인이나 악인 모두에게 살아갈 수 있도록 하는, 그 마음과 태도를 견지해야 신의 질서가 실현되는 것이지요.

계급 사회의 윤리

이어지는 구절을 통해 메시지에 좀 더 다가가보겠습니다.

47. 여러분이 만약 여러분의 형제자매만의 안부를 묻는다면 여러분이 뛰어나게 행동하는 게 무엇입니까? 이방인일지라도 그렇게 하지 않습니까?
48. 그러니 하늘에 계신 여러분의 아버지가 온전하신 분인 것처럼 여러분은 온전한 사람이 되어야 합니다.

이방인은 비유대인을 가리킵니다. 유대인은 자신들이 신의 선택을 받은 백성이라고 여긴 만큼 스스로 우월하다고 생각했거든요. 그런데 형제자매의 안부만 묻는다면 다른 나라, 다른 지역 사람들하고 다를 게 없다는 말입니다.

한번 생각해보시지요. 당시는 오늘날과 같은 민주주의 사회가 아니라 계급 사회였습니다. 계급 사회에서는 계급이 그 사람의 모든 것이나 다름없습니다. 계급 사회에서는 각 계급에 맞는 윤리가 있습니다. 예를 들어 노예에게 맞는 윤리는 무엇일까요? 여러분이 만약에 주인이라고 해봅시다. 어떤 노예를 필요로 하겠습니까. 똑똑한 노예, 부지런한 노예 등등이 있겠지만 그에 앞서는 기본 요건은 말 잘 듣는, 순종하는 노예일 것입니다. 곧 노예가 지녀야 할 핵심 윤리는 복종입니다.

철학자처럼 행동하라

그럼 원수를 사랑하라는 윤리는 누구의 윤리일까요? 누가 원수를 사랑하고 자기를 박해한 사람을 위해서 기도할 수 있을까요? 고대 그리스의 스토아학파 철학자 중에 에픽테토스(Epictetus)라는 사람이 있었습니다. 그는 노예 출신이었는데, 주인이 시킨 일을 하던 중에 걸핏하면 생각에 빠져들었습니다. 생각을 하느라 가만히 서 있다가 주인에게 매질을 당한 적도 많았답니다. 주인은 결국 에픽테토스가 타고난 철학자임을 인정하고 노예 신분에서 풀어주었다고 합니다. 에픽테토스가 어느 견유학파(犬儒學派) 학자에 대해 이런 글을 남겼습니다. '그는 다른 사람이 자신을 개처럼 밟도록 했고, 그렇게 밟히면서도 자기를 밟는 사람까지 사랑하되 마치 모든 이들의 아버지, 혹은 형제같이 사랑했다. 그러니 이 원수를 사랑하고 너를 짓밟는 사람을 위해서 기도하라.' 그는 철학자들을 위해 이 말을 했습니다. 곧 원수를 사랑하고 자신을 박해하는 사람을 위해 기도하라는 윤리는 지혜를 깨달은 사람, 우리가 모두 연결된 형제자매임을 깊이 깨달은 철학자들이 지킬 수 있는 윤리로 제시됩니다.

　이러한 철학자들의 윤리를 예수가 청중에게 말한 것입니다. 청중 대다수는 빈민이었습니다. 당시에는 절대 빈곤층이 70퍼센트가량 되었습니다. 하루에 한 끼 먹기도 어려운 사람들이었습니다. 그다음 빈곤층이 20퍼센트 정도로, 하루에 두 끼 먹기가 어려운 사람들입니다. 그런 가난한 사람들을 앞에 두고 예수가 철학자의 윤리를 말합니다. 철학자, 곧 원수를 사랑할 수 있을 정도로 인간에게 깊은 애정과 이해와 다른 동료를 불쌍히 여길 수 있는 마음을 갖춘 사람처럼 행동하라고 말입니다. 하늘나라 질서가 임했을 때 그 질서에 참여하고자 세상이 구획한 프레임 밖으로 뛰쳐나온 사람들에게 주문한 행동 지침입니다. 철학자처럼 행동하라고, 그들 수준의 윤리를 갖추라고.

통치자처럼 행동하라

세네카(Lucius Annaeus Seneca)라는 이름, 많이 들어보셨을 겁니다. 유명한 분이지만 그분의 글을 쉽게 읽기는 어렵지요. 저도 논문을 쓸 때에야 세네카의 글을 읽고 참 대단한 사람이라는 생각을 했습니다. 세네카는 네로 황제의 정치적 스승이고, 세네카의 한 형제는 한 지역의 통치자였습니다.

　세네카가 통치자의 덕목에 대한 글을 여러 편 썼는데 거기에 '이라(ira)'에 관한 글이 있습니다. '이라'는 라틴어로 분노를 뜻합니다. 그리고 멍에, 재갈이라는 뜻도 있지요. 사람이 분노에 휩싸이면 그 감정에 끌려 다니므로 재갈과 뜻을 공유하는 것인지도 모르겠습니다. 아무튼 세네카가 자신의 형제에게 쓴 글(『드 이라(De Ira)』)에 이런 글이 나옵니다. "통치자는 어떤 사람이어야 하는가. 아랫사람이 큰 소리로 대답하고 반항적으로 쳐다본다고 해서 그 사람을 때리고 수갑을 채우는 처벌을 내릴 자격이 있는가." 아랫사람이 반항적으로 말하고 쳐다봐도 분노하지 않는 사람이 통치자라는 것입니다. 이런 말도 했습니다. "많은 사람이 원수를 용서해왔다. 그러니 나도 게으르고 부주의하고 허풍 떠는 사람들을 용서해야 하지 않겠는가." 같은 맥락에서 세네카가 쓴 『드 클레멘티아(De Clementia)』라는 책이 있습니다. 이 제목은 네로에게 하는 말인 셈인데 '자비에 관하여'라는 뜻입니다. 통치자는 자비로워야 합니다. 노예는 자비로울 수 없습니다. 그 사람의 품성이 나빠서가 아니라, 노예 신분으로 자비를 베풀 대상이 없기 때문입니다. 이렇게 계급 사회에서 윤리는 계급이나 신분에 맞게 주어졌지요.

그런데 예수는 현실적으로 옷도 제대로 못 입고 굶기를 밥 먹듯 하는 민중을 앞에 두고 말합니다. 원수를 사랑하고, 박해하는 사람을 위해 기도하라고. 이러한 가르침은 민중을 향해 통치자와 철학자로 스스로 간주하고, 그 윤리를 실행하라는 촉구입니다. 그것이 신의 질서, 신의 나라에서 사는 것입니다. 이렇게 예수의 뜻을 풀 수가 있습니다. '이제 여러분은 모두 주체가 되어 신의 자녀임을 깨닫고 연대하며 서로를 불쌍히 여기십시오. 철학자와 통치자처럼 생각하고 행동하십시오. 신의 질서는 그렇게 이루어지는 것입니다.' 어찌 보면 산상수훈은 허위의식을 가지라는 요청처럼 보일 수 있습니다. 이른바 '저 천한 것들'한테 통치자, 철학자의 윤리를 촉구하니까요. 그러나 그렇게 모두 존엄과 지혜를 갖춘 사람들로 거듭나고자 하지 않는다면 신의 질서가 도래했다고 말할 수 없겠지요.

전통적 지혜

산상수훈에는 여러 지혜가 있지만 저는 크게 세 가지 형태로 구분합니다. 우선 전통적 지혜가 있습니다. 한마디로 요약하면 '일찍 일어난 새가 벌레를 잡는다'는 형식의 지혜이지요. 성서에 있는 말로 바꾸면 '게으른 자여, 개미에게 가서 배워라'입니다. 전통적 지혜는 예로부터 우리를 가르쳐온 삶의 덕목입니다. 가령 「마태복음서」 5장의 이런 본문이 그러합니다.

33. 또 옛사람들은 '허튼 맹세를 하지 말라. 주님께 한 너의 맹세를 지켜라'라는 말을 들었습니다. 여러분은 그것을 알고 있습니다.

그러나 예수는 전통적 지혜를 새롭게 합니다.

34. 그러나 내가 진심으로 여러분에게 말합니다. 맹세 자체를 하지 마십시오. 하늘을 두고도 하지 마십시오. 그것은 하나님의 보좌입니다. 35. 땅을 두고도 하지 마십시오. 그것은 그분이 발을 두시는 발판입니다. 예루살렘을 두고도 하지 마십시오. 그것은 큰 임금의 도시입니다. 36. 그대의 머리

를 두고도 맹세하지 마십시오. 그대는 머리카락 한 올도 희게 하거나 검게 할 수 없습니다. 37. 여러분은 '예, 예, 아니오'라고 말하십시오. 그 이상의 것은 악한 사람이 하는 것입니다.

맹세 자체를 하지 말라고 합니다. 맹세라는 것은 꼭 하겠다는 다짐입니다. 자신이 마치 자기 운명의 주인인 것처럼, 자기가 모든 걸 통제할 수 있는 듯이 말이지요. '이건 무슨 일이 있어도 내가 지킨다. 신의 이름으로. 또 부모님의 이름으로. 하늘의 이름으로. 내 명예를 걸고' 하는 식입니다. 예수는 그러한 삶에 대한 태도를 돌아보라고 말합니다. 우리의 연약함과 삶의 돌발성과 우연성, 그리고 불가피성을 고려해보면 예수의 말이 이해가 갑니다. 예수는 그저 '예, 예, 아니오, 아니오'라고 대답하라고 합니다. 이 말은 아주 소박하고 간결하게, 진심을 다해서 마음을 표현하라는 뜻입니다. 그 이상을 넘어서 무엇인가를 말하고, 기획하고 실행하려는 허튼 자신감에서 벗어나라고요.

전복적 지혜

그다음으로 전복적 지혜가 있습니다. 전통적 지혜가 '일찍 일어난 새가 벌레를 잡는다'라고 말하면, 이를 슬쩍 비꼬며 '그러면 일찍 일어난 벌레는 어떻게 되는 것인가'로 되받는 지혜가 전복적 지혜입니다. 전통적이고 인습적 지혜에 의문을 표시하고 삶의 실상을 다시 포착하고자 하는 시도이지요. 우리가 첫 번째 강의에서 다룬 윤동주의 시 「팔복」을 떠올려봅시다. 그 시는 「마태복음서」 5장의 구절을 모티프로 삼은 것입니다.

3. 마음이 가난한 사람들, 복 있습니다! 하늘나라가 그들의 것입니다.

4. 슬퍼하는 사람들, 복 있습니다! 그들이 위로를 받을 것입니다.

5. 온유한 사람들, 복 있습니다! 그들이 땅을 상속받을 것입니다.

슬퍼하는 사람이 어떻게 복이 있겠습니까. 복이 있다면 기쁜 사람에게 있겠지요. 여기서 슬퍼하는 사람의 의미를 잘 생각해봐야 합니다. 자기연민 때문에 슬퍼하는 사람에게 복이 있다고 한 것이 아닙니다. 또 아주 사소한 것 때문에 우울감에 빠져 있는 사람들, 그런 사람들에게 복이 있다고 선언한 게 아닙니다. 앞뒤 맥락을 보면, 신의 정의가 구현되어야 되는데 그렇지 못한 형국에 빠져 슬픈 사람, 사랑이 구현되어야 하는 자리에 오히려 폭력이 있음을 보고 슬퍼하는 사람을 뜻한다는 걸 알 수 있습니다. 그 사람의 슬픔은 정의와 사랑과 평화를 향한 슬픔이지요. 그런 사람들의 마음에 이미 신이 깃들어 있습니다. 신이 깃들어 있는 마음이 있다니, 그런 사람들에게 복이 있는 것이 아니겠습니까. 예수는 그들이 반드시 새로운 세상을 보리라고 말하며 위로하고 격려합니다.

다음 구절들은 우리가 바로 이해할 수 있습니다.

6. 정의에 굶주리고 목마른 사람들, 복 있습니다! 그들이 배부를 것입니다.

7. 마음 따뜻한 사람들, 복 있습니다! 하나님이 그들을 따뜻하게 대하실 것입니다.

8. 마음 깨끗한 사람들, 복 있습니다! 그들이 하나님을 볼 것입니다.

9. 평화를 이루는 사람들, 복 있습니다! 그들이 하나님의 아들이라 불릴 것입니다.

실천적 지혜

전통적 지혜와 전복적 지혜에 이어, 마지막으로 실천적 지혜가 있습니다. 5장 38절부터입니다.

38. 여러분은 '눈에는 눈으로, 이에는 이로'라는 말을 들었습니다. 39. 그러나 나는 진심으로 여러분에게 말합니다. 악한 사람들에게 맞서지 마십시오. 그대의 오른쪽 뺨을 치거든, 그에게 다른 쪽도 돌려 대십시오.

앞에서 본 '원수를 사랑하라'는 부분과 함께 이 실천적 지혜는 마하트마 간디에게 큰 영향을 주었습니다. 간디는 톨스토이가 해설한 산상수훈의 이 부분을 읽고 큰 기쁨과 충격을 받았다고 하면서, 비폭력 저항 운동의 정신적 자원으로 삼았다고 고백했습니다. 그는 『바가바드기타』와 산상수훈을 결합해 비폭력 저항 운동으로 나아갔다고 합니다.

실천적 지혜에 관련해서는 미국의 신학자 월터 윙크(Walter Wink)의 이론을 따 와서 이야기를 하겠습니다. '눈에는 눈, 이에는 이'라는 속담은 라틴어로는 렉스 탈리오니스(Lex Taliónis)라 하고, 한자어로는 동해보복법(同害報復法), 동태복수법(同態復讐法)이라고 합니다. 얼핏 잔인하다고 느낄 수 있지만, 가만히 따져보면 결코 낮은 수준의 윤리는 아닙니다. 누가 아무런 이유 없이, 혹은 여러분과 평소에 안 좋은 관계에 있는 사람이 여러분의 한쪽 눈을 빼 갔다고 합시다. 그러면 어떻게 하겠습니까? 만약 아무런 제약 없이 '복수'할 수 있다면 똑같이 그 사람 눈알 하나만 빼려 들겠습니까? 제가 강의를 하면서 많은 학생에게 물어봤습니다. 별별 대답이 다 나왔습니다. 여기 옮겨 적지 못할 끔찍한 이야기도 많았습니다. 적지 않은 사람이 기회가 주어진다면 자신이 당한 것 이상으로 되갚아주려고 하지요. 그러니 '눈에는 눈, 이에는 이' 정도의 윤리도 사실 낮은 것이 아닙니다. 그런데 예수는 그 정도로는 신의 질서를 사는 것이 아니라고 말합니다. 악한 사람에게 '맞서지' 말라고 합니다. '맞서다'는 그리스어에서는 '폭력적으로 대응하다'를 의미합니다. 그러니 예수의 말을 다시 풀면 "악한 사람에게 폭력적으로 대응하지 말아라"가 됩니다. 그럼 악한 사람에게 어떻게 대응해야 할까요.

예수가 세 가지 예제를 내놓습니다. 우리가 수학 공식을 배울 때도 증명을 한 후, 예제를 푸는데 그런 방식이라고 생각하면 됩니다. 여기서 예수의 공식은 '폭력을 행사하는 사람 앞에서 폭력적으로 대응하지 말라'입니다. 첫 번째 예제는 '누군가 그대의 오른쪽 뺨을 치거든 그에게 다른 쪽도 돌려 대라'입니다.

당시 사회는 오른손잡이 문화였습니다. 공공연하게 공중에서 왼손을 사용하면, 왼손을 사용한 사람에게 모욕적인 눈길을 보내는 사회였지요. 오른손잡이가 다수이기도 하니, 누군가 다른 이의 뺨을 친다면 오른손으로 칠 것이라고 생각하지요. 그런데 내가 오른손으로 앞에 있는 사람의 뺨을 치면 그 사람의 어느 쪽 뺨을 치게 됩니까? 왼쪽 뺨이지요. 그런데 왜 '오른쪽 뺨을 치거든'이라고 했을까요. 오른손의 손등으로 때려서 그렇습니다. 고대 유대인의 한 문헌은 같은 신분의 사람끼리 손바닥으로 상대방을 때렸을 경우에는 벌금이 4전인 반면, 손등으로 때리면 벌금이 100배인 400전을 내야 한다고 기록합니다. 왜 그럴까요? 아무래도 손등보다는 손바닥으로 때리는 것이 더 고통을 줄 텐데요. 손등으로 때리는 것은 주인과 종, 장군과 부하, 왕과 신하 등 신분의 격차가 확연할 때 상대방을 제압하는 것이었기 때문입니다. 같은 신분인데도 손등으로 상대방을 때리면 그것은 폭력과 모독의 죄를 동시에 범한 것이기에 벌금의 차이가 크게 나는 것입니다. 윗사람에게 손등으로 뺨을 맞은 사람들이 전형적으로 취하는 태도가 있지요. 사죄하며 고개 숙이고 물러나는 겁니다. 당시 사회는 그렇게 신분이 주는 절망을 학습했습니다.

그런데 예수는 오른뺨을 맞으면 왼뺨을 내밀라고 합니다. 일단 예수의 청중들은 모두 웃었을 겁니다. 이런 상황을 생각한다는 것 자체가 비일상적이거든요. 만약 상대방이 화가 나서 자기도 모르게 손바닥으로 왼뺨도 때린다면 둘 사이에 같은 신분처럼 되는 것이겠고요. 아마 대부분 늘 오른뺨을 맞고 고개 숙이고 물러나던 '아랫것'이 왼뺨을 내미는 행동 자체에 놀라 당황하겠지요. 이런 행동이 무엇을 의미할까요? 두 개의 예제가 더 남았습니다. 두 번째 예제를 풀어봅시다.

40. 그대를 고소하여 속옷을 가지려는 사람에게는 겉옷도 주어버리십시오. 41. 어떤 사람이 그대에게 강제로 오 리를 가게 하거든, 그 사람과 십 리를 같이 가주십시오.

여기서 겉옷은 가난한 사람들의 마지막 담보물이라고 보면 됩니다. 겉옷을 담보로 맡길 정도가 되었다면 당시 사회에서 가장 취약한 계층입니다. 실업률이 오늘날과 비교할 수 없을 정도로 높았고 사회복지 제도도 없으니 당시에 신용대출이 있을 리 없지요. 그런데 취약 계층이 겉옷을 맡기고 돈을 빌릴 경우, 유대인의 율법에 따르면 채권자는 그 옷을 밤이 되면 반드시 채무자에게 돌려줘야 합니다. 가난한 사람에게는 겉옷이 밤에 덮고 잘 이불이기도 했기 때문입니다. 또 율법에 따르면 아무리 빚을 못 갚아도 겉옷은 채권자가 가질 수 없었습니다. 만약에 어떤 지독히 가난한 채무자가 빚을 계속 못 갚아서 채권자가 화가 났다고 합시다. 그래서 채무자에게 창피를 주고 압박을 하는 방법을 궁리합니다. 그러다가 겉옷을 가질 수 없으니 속옷을 갖겠다고 소송을 거는 것입니다. 이 이야기를 들은 예수의 청중의 표정은 어떠할까요? 예수의 청중 역시 절대다수가 빈곤층이었을 텐데요. 채권자를 향한 분노가 일었을 것입니다. 그 채권자를 모독하고 폭력적으로 응징하고 싶은 마음이 들었겠지요. 그러나 예수는 말합니다. 고소하는 그 채권자에게 속옷을 주고, 겉옷까지 주라고요. 그러면 어떻게 될까요? 채무자는 벌거벗은 채 집으로 돌아갑니다. 그럼 동네 사람들이 그 모습을 보겠지요. 여기서 질문을 하나 하겠습니다. 이때 진짜 부끄러운 지경에 놓인 사람은 누구입니까? 옷을 다 벗고 집으로 돌아가는 사람일까요, 아니면 그 가난한 사람의 옷을 벗긴 사람일까요? 사람들은 누가 더 부끄러운 일을 했는지 압니다.

상대방은 폭력으로 다가왔는데 폭력으로 대응하지 않습니다. 대신 상대방의 양심을 두드렸습니다. 그리고 무엇이 부끄럽고 무엇이 하지 말아야 할 일인지 깨우쳐줍니다. 오른뺨을 맞았을 때 왼뺨을 돌려 대는 것, 용기가 필요합니다. 그러나 왼뺨을 대며 이렇게 말하고 있습니다. '나도 사람이야. 너와 같아. 때리고 싶으면 때려. 하지만 네가 신분으로 나를 굴복시킬 수는 없어.' 또한 속옷을 빼앗긴 사람이 말합니다. '내가 열심히 일했지만 돈이 모자라 빚을 못 갚았어. 하지만 사람에게 모욕을 줘서는 안 돼. 우리는 다 존엄하거든.'

폭력을 당하는 사람도 절대로 자신의 존엄함을 잊어버려서는 안 됩니다. 그것은 철학자이자 통치자의 자세가 아닙니다. 폭력에 익숙해져서는, 굴복해서는 안 됩니다. 예수가 악한 사람에게 폭력적으로 맞서지 말라고 한 뜻이 그것입니다. 폭력을 앞에 두고 철학자와 통치자로서 큰 위엄과 지혜를 보여주어라. 너는 너의 자존을 지켜라. 위엄과 존엄을 지키면서 슬기롭게 적의 양심을 일깨워라. 무엇이 중요한 가치인지를 알아가게 하라는 이야기입니다.

세 번째 예제는 41절입니다. '강제로 오 리를 가게 하거든 십 리를 가주어라.' 당시 로마제국 법상 로마 군인에게는 강제 현장집행권이 있었습니다. 즉 현장에서 민간인을 징발해 짐을 지고 가게 할 수 있었는데, 다만 그 거리를 오 리까지로 제한했습니다. 식민지 사람들에게는 로마 군인이 시키는 대로 짐을 질 의무가 있되, 오 리를 넘으면 그 군인이 처벌을 받게 되어 있었습니다. 그러니 군인은 오 리가 다 되면 짐을 내려놓고 가라고 했겠지요. 이때 보통은 짐을 팽겨치듯 내려놓고 자기 말로 욕 한마디를 하고는 갈 길을 가게 마련인데 예수는 이런 식으로 대응하라고 합니다. "제가 오 리를 더 갈 수 있습니다. 원래 가던 길이에요. 저 원래 이런 거 좋아해요." 청중은 이 광경을 머릿속에 떠올리고는 막 웃을 겁니다. 오 리를 넘게 징발을 하면 처벌을 받게 될 로마 군인은 당황해하며 이 새로운 상황을 어떻게 처리할지 난감해할 겁니다. 예수가 의도한 것은 무엇일까요? 징발권이니 법이니 하면서 실상 그것이 빼앗고 있는 다른 사람의 일상과 삶을 주목해보라는 것이지요.

악의 순환을 끊는 법

예수는 결코 순진하거나 나이브한 사람이 아닙니다. 그의 출신지인 나사렛에서 가까운 세포리스라는 도시는 로마 군대가 처참하게 짓밟은 곳입니다. 예수는 로마제국의 폭력성을 잘 압니다. 그는 실천적 지혜를 가르치면서 두 가지를 목표로 합니다. 하나는 인간의 존엄을 선언한 것, 다른 하나는 폭력의 악순환을 단절하는 것입니다.

인간의 존엄은 신분이 낮은 사람에게도 있습니다. 예수는 늘 오른뺨을 맞는 사람들에게 고개 숙이지 말라고 합니다. 당신도 존엄하다고 말해주고 있습니다. 채무자로 평생을 살 수밖에 없는 사람들에게 돈이 없다고 자신의 삶을 함부로 유린하도록 놓아두면 안 된다고 가르칩니다. 가난한 삶도 존중받아야 한다는 것입니다. 법과 권력으로 다른 사람의 삶을 함부로 대하고, 그 삶에 짐 지우는 이들에게 경고하지만 동시에 법과 권력의 힘에 짓눌려 슬기와 용기와 위엄을 접어두지 말라고 가르칩니다. 법과 권력으로 다른 사람을 편의를 위한 도구로 사용하는 것을 허락해서는 안 된다는 것이지요. 늘 당해온 사람들은 자기는 마땅히 그런 대접을 받아도 된다고 여길 수 있습니다. 그러나 예수는 말합니다. 그렇지 않다고! 당신은 철학자 통치자라고.

예수는 폭력적 대응을 거부함으로써 우리가 증오하는 것과 같아지지 않도록 합니다. 어떤 사람이나 체제를 증오하는 이유는 그것이 악이기 때문이겠지요. 그런데 그 악을 처단한다고 같은 방식으로 흉내 내면 결국 악만 살아남는 것입니다. 우리가 증오하는 바로 그것이 되고 말지요. 그러지 않도록 우리를 각성시킵니다.

또한 비겁한 순응을 거부함으로써 악이 승리한 채로 지속되지 않도록 합니다. 악이 승리한 채 놔두는 것은 예수가 원하는 새로운 질서가 아닙니다. 예수는 억눌린 사람과 억누른 사람 모두가 새로운 삶의 가능성을 발견하고 이를 실행해나가도록 합니다. 지금까지와는 다른 삶이 있다고, 이상적인 삶이 있다고 말합니다. 예수가 지혜를 건네고 있습니다. 악한 사람들의 변화 가능성을 타진하는 한편, 폭력적 대응과 비겁한 순응 사이에서 창조적인 대안을 만들고 용기 있게 실천하게끔 우리를 이끕니다. 돈과 권력과 명예에 상처받지 않는 인간의 아름다움, 품위, 이것을 갖추고 살 때 하늘나라의 질서를 이룰 수 있다고 강조합니다.

이는 오늘의 우리에게 절실한 가르침이 아닐까 생각합니다. 여러분이 2천 년의 시간을 뛰어넘어 예수의 가르침에 가슴이 울린다면, 「마태복음서」는 고전으로서 여전히 유효하다고 말할 수 있을 것입니다.

제5강

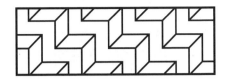

기적이 바꾸는 것

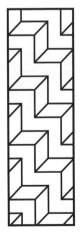

빛이 있는 곳으로
담대하게 걸어가라

지난 강의까지 우리는 세례자 요한에서 시작해 예수가 무엇을 선포하고 가르쳤는지 살펴보았습니다. 예수는 신의 나라가 왔음을 선포하고 산상수훈을 통해 이 나라에서 어떤 지혜와 윤리를 갖고 살아가야 하는지 설파했습니다. 그러고 나서 그는 일종의 퍼포먼스, 곧 행위예술을 보여줍니다. 행위예술은 아시다시피 생각을 구체적인 행동으로 표현하는 예술 장르를 가리킵니다. 예수의 기적이 바로 그의 퍼포먼스였습니다.

예수가 기적을 행했다는 것은 들어보셨을 겁니다. 제가 예수의 기적을 퍼포먼스로 부른 데에는 이유가 있습니다. 그의 기적은 보이는 기적 그 자체를 넘어선 무엇인가를 가리키는 데에 목적이 있기 때문입니다. 예를 들어 예수가 앞을 못 보는 시각장애인의 눈을 뜨게 해주었다, 혹은 중풍을 낫게 해주었다, 라고 했을 때, 그 행위를 의학적인 치료와 구별할 수 있을까요? 실제로 현대 의학이 발전하면서 시각장애인이 시력을 되찾을 수 있는 치료법이 개발되고 있는데, 그럼 예수의 기적과 같아지는 것일까요?

퍼포먼스는 행위를 통해 지시하는 의미가 중요합니다. 그렇기에 예수는 기적을 현상적인 측면으로만 보는 사람들을 보며 실망했습니다. 또한 기적 그 자체에 몰입하는 사람들을 향해서 기적이 얼마나 무력한지를 토로하기도 했습니다. 이제부터 기적이라는 행위를 통해 예수가 무엇을 말하고 싶었는지 따라가보려 합니다.

과학적 방법론과 기적

과학기술이 발달한 세상에서 기적을 이야기하기란 적잖이 껄끄러운 게 사실입니다. 비종교인뿐만 아니라 기독교인 사이에서도 그런 경향이 없지 않습니다. 기적은 인과법칙이 엄연한 자연적 질서의 이해에 어울리지 않는 듯 보입니다.

과학적 방법론은 초자연적인 요소를 제거하고 자연 세계 내에서 원인과 결과를 설명하려는 시도입니다. 예를 들면 수소 두 개와 산소 하나가 만났을 때, 물이라는 형태로 변하는 그 순간에 초자연적인 힘의 작용은 전혀 고려하지 않습니다. 말하자면 방법론적 무신론 혹은 방법론적 자연주의라고 할 수 있겠습니다. 신이나 초월적인 세력은 완전히 배제하고 오직 자연에 있는 요소와 원리로만 이 세상을 설명하려는 것이 자연과학적 방법론이지요.

이것이 본격화되고 철학적인 힘을 얻게 된 것은 몇백 년 전의 일입니다. 가장 유명한 사람으로 영국의 철학자 데이비드 흄(David Hume)을 꼽을 수 있습니다. 흄은 에세이 『기적에 관하여(Of Miracles)』(1748)에서 기적의 역사적 사실성을 의심하고 이 세계를 빈틈없는 원인과 결과로 해석해야 한다고 주장했습니다. 이러한 자연주의적 과학방법론을 뉴턴의 이름을 따서 뉴턴주의(Newtonianism)라고 불렀습니다.

반면 성서는 예수가 기적을 행했다고 증언합니다. 성서에서 예수는 스스로 기적이라고 불릴 만한 일을 한다고 여겼고, 기적의 목격자들 역시 예수가 기적을 일으킨다고 생각했습니다. 예수의 기적을 자연과학으로 설명하기는 어렵습니다. 그러나 예수가 자신이나 다른 이들에게 기적으로 불릴 만한 일을 한 것은 사실에 가까워 보입니다. 정황을 통한 추측이기는 합니다. 예수를 적대시하고 경쟁자로 여겼던 이들이 예수를 비난하면서 말하기를, "예수는 귀신의 힘을 빌려서 기적을 행한다"고 했습니다. 예수가 기적을 행하지 않았다면, 비판자들은 입을 모아 "그는 기적을 행한 적이 없다"고 했을 것입니다. 당시 예수의 비판자들조차 기적을 행한 사실 자체는 인정할 수밖에 없었기에 기적을 일으키는 능력의 근원을 비판 지점으로 삼은 것이지요.

성서에는 여러 기적이 등장합니다. 병자를 치료한 기적, 축귀(逐鬼), 곧 귀신을 내쫓는 기적, 물 위를 걷는 기적 등이 있는데 흔히 「마태복음서」에만 스물 두 개 정도라고 셉니다. 그중에서 자연과학적 이해를 가진 이들에게도 의미 있을 몇 가지 기적 사건을 살펴보겠습니다.

세리와 함께 한 식사

첫 번째로 살펴볼 기적은 「마태복음서」 9장 9절부터 13절에 기록되어 있습니다.

> 9. 예수께서 그곳을 떠나 지나가시다가 세관에 앉아 있는 마태라는 사람을 보시고, 그에게 말씀하셨다. "나를 따르시오." 그러자 그가 일어나 그분을 따랐다. 10. 예수께서 그 집에서 진지를 드시는데 많은 세리와 죄인이 와서 예수 및 제자들과 같이 음식을 나누는 게 아닌가!

9절 중 '그러자 그가 일어나'가 기적입니다. 세리가 어떤 사람인지 알면 여러분도 그것은 '기적이다'라고 말할 겁니다. 세리는 말하자면 세무 공무원입니다. 그런데 당시 로마 지배 체제에서 정부는 세리에게 급료를 따로 주지 않았습니다. 권력자는 한 지역이나 영역에 세금을 거둘 권리를 주고 얼마를 거두어 오라고 말할 뿐입니다. 그러면 세리는 그 이상을 걷고, 권력자에게 주고 남은 돈을 자기 몫으로 갖습니다. 세리는 또 오늘날같이 공무원 시험 같은 것도 없으니 대개 인맥을 통하거나 입찰 경쟁이 있었지요. 인맥을 통하게 될 때에는 권력자의 몫, 소개비, 자기 몫을 떼어야 하겠지요. 입찰 경쟁일 경우에는 더 심각한 일이 벌어질 수 있습니다. "세금을 걷어야겠는데 누가 여기서 세리를 원하오?"라고 물으면 여러 후보자가 나설 것이고, 그중에서 가장 높은 금액을 써 내는 사람에게 그 자리가 주어지겠지요. 그러면 원래 한 지역이 내기에 적정한 세금보다 훨씬 높은 '세금'이 매겨질 것이고, 세리 자신의 몫도 떼어야 하지요. 이런 구조적 착취를 수행하는 사람이 세리였습니다.

유대인이 사는 팔레스타인에서도 당연히 세리가 있어야 하겠지요. 그러나 세리가 된다면 그는 동족의 배신자와 다를 바가 없었습니다. 동족을 착취하고 외국인 지배자, 곧 폭력적으로 우리를 다스리는 외국인 원수에게 돈을 가져다 바치는 역할을 하는 반역자였지요. 세리가 된다면 그는 우연히, 또는 어쩔 수 없이 되는 것이 아니라 의도적으로 자발적으로 선택한 것입니다. 자기 친척, 친구들, 동족의 피고름을 외면하고, 압제자 외국인의 앞잡이가 되어 자신의 이익과 안위를 누리려는 길을 택한 것이니까요.

지난 강의에서 세리라는 말이 처음 나왔을 때 제가 그랬지요. 세리는 내놓은 사람, 몹쓸 놈이라고. 공동체 밖으로 내놓은 사람이란 이야기입니다. 예수 시대는 지역, 특히 동네 구성원 사이의 관계 밀도가 지금보다 훨씬 강할 때입니다. 옆집에 숟가락이 몇 개 있는지까지 아는 정도라고 보면 됩니다. 가족 구성원들까지 서로 밀접히 연결되어 있고 대다수가 태어나서 한 번도 자기 동네 밖을 벗어나지 않은 사람들이지요. 그런 가운데 세리가 되겠다고 나선 사람은 그 공동체에게서 등을 돌리고 로마 앞잡이의 길을 택한 자입니다.

그런 세리에게 예수가 권합니다. 당신 거기서 살지 말고 그 프레임 밖으로 나와 새로운 질서로 살자고 말이지요. 그러자, 세리가 따라나섭니다! 무슨 일이 일어났던 것일까요? 그렇게 자발적으로 의도적으로 결단하여 세리가 되었는데요. 예수의 그 부름에 거역할 수 없는 권위를 느낀 것일까요? 여하튼 세리는 그 자리에서 일어나서 예수를 따릅니다. 기적이지요. 사람에게 일어난 기적입니다. 아무리 스스로 어떤 선택을 하고 평생 그렇게 살기로 악한 마음을 먹었다 해도, 예수의 부름 한마디가 그것을 기꺼이 허물어뜨릴 수 있다는 걸 보여줍니다. 이런 힘을 그리스어로 '카리스마'라고 부릅니다. 요즘에는 그 의미가 조금 달라졌지만 원래 카리스마는 신으로부터 받은 재능 혹은 선물을 뜻합니다. 인간이 노력해도 달성할 수 없는 카리스마가 예수에게 있는 것입니다.

그다음 10절을 보면 예수가 그 집에서 진지를 드시는데 많은 세리와 죄인이 와서 함께 음식을 나누었다고 합니다. 이것도 기적 같은 장면입니다. 밥상은 사회 질서와 위계를 재현하는 공간입니다. 한 밥상에서 먹는 것은 한 식구, 한 공동체라는 의미이지요. 세리는 유대인 공동체의 밥상에서 나온 사람들입니다. 그리고 원래 밥상에 있던 유대인들, 특히 바리새인은 세리가 원래 밥상에 감히 기웃거리지 못하도록 단호하게 행동한 이들입니다. 그런데 예수는 공동체의 밥상 밖으로 나간 세리, 그리고 밥상에 자리를 얻지 못했던 이른바 '죄인'들을 다시 공동체의 밥상으로 불러들입니다. 9절이 예수가 다른 사람의 삶에서 권위를 발휘하는 기적이라면 10절은 혐오와 경멸을 받는 그들을 밥상으로 부른 기적입니다. 그날 세리와 죄인들의 마음이 어떠했겠습니까. 기적을 체험한 느낌이었을 겁니다. '아, 오늘은 기적 같았어' 하고요.

이 '회복된 밥상'에 시비 거는 사람들도 있었습니다. 바리새인입니다. 그들은 이 밥상이 회복된 밥상이 아니라 '혐오스런 식탁'이라고 하겠지요. 그러나 예수는 이 밥상의 기적을 축복하고 있습니다.

11. 바리새인들이 그것을 보고 제자들에게 말했다. "어떻게 당신네 선생은 세리와 죄인 들과 함께 밥을 먹소?" 12. 예수께서 들으시고는 말씀하셨다. "건강한 사람이 아니라 아픈 사람에게 의사가 필요하지요. 13. 당신들은 가서 '내가 바라는 것은 자비이지 희생 제물이 아니다'라는 말씀의 뜻이 무엇인지 배우시오. 나는 의인이 아니라 죄인을 부르러 왔소."

마태의 소명에서 순교까지

이탈리아 화가 카라바조(Michelangelo Merisi da Caravaggio)는 예수를 따른 세리, 곧 마태의 이야기를 두고 그린 세 개의 연작 그림을 그렸습니다. 그중 첫 번째는 〈성 마태의 소명〉입니다. 배경이 된 장소는 어두컴컴한 세관이고 밖에서 빛이 들어옵니다. 빛이 들어오는 쪽에서 예수가

카라바조, 〈성 마태의 소명〉, 1599~1600

카라바조, 〈성 마태와 천사〉, 1602

서서 누군가를 손으로 가리키며 부르고 있습니다. 뒤에 선 인물은 베드로인데요, 예수의 손 모양을 흉내 내고 있습니다. 미켈란젤로가 〈천지창조〉에서 아담 창조를 표현할 때 그린 손가락을 그대로 본뜬 것 아니겠습니까?

예수가 세관에서 돈의 노예가 된 사람을 불러내고 있습니다. 빛이 있는 쪽으로! 이 그림에서 돈을 보고 있는 사람이 마태인가, 아니면 손으로 자신(또는 옆 사람)을 가리키는 사람이 마태인가에 대해서는 논란이 있습니다. 예수의 등장과 밖에서 들어오는 빛에도 불구하고 탁자 위의 돈에만 눈길을 주고 있는 사람도 있습니다.

두 번째 작품은 〈성 마태와 천사〉입니다. 앞서 1강에서 렘브란트의 〈성 마태와 천사〉를 봤지요. 그 모습처럼 천사가 불러주는 것을 마태가 적고 있습니다. 이렇게 마태가 처음에는 세리로 있다가 그다음에 신의 말씀을 받아 적고, 나중에는 다음에 볼 그림처럼 순교를 당합니다. 한 사람의 인생이 이렇게 극적으로 달라졌습니다. 이것이 기적이 아닌지요.

침묵 듣기

다음에 나오는 기적도 흥미롭습니다. 9장 18절부터입니다.

카라바조, 〈마태의 순교〉, 1599~1600

18. 예수께서 그들에게 말씀하고 계실 때 지도자 한 사람이 와서 그분에게 꿇어 엎드리면서 말하는 것이 아닌가! "제 딸이 방금 죽었습니다. 그렇지만 오셔서 그 아이 위에 손을 얹어주십시오. 그러면 살 것입니다." 19. 예수께서 일어나셔서 그를 따라가셨다. 제자들도 함께 갔다.

유대 사회의 지도자는 결코 예수에게 호의적이지 않았습니다. 그런데 한 지도자가 예수를 찾아왔다니 그것은 매우 다급한 사건이 일어난 것이지요. 아니나 다를까 그 지도자는 예수에게 꿇어 엎드리면서 딸을 살려달라고 애원합니다. 예수는 딸을 잃은 아버지의 간청을 보고 일어나 그 소녀를 살리러 갑니다. 지도자의 발걸음이 느긋할 리 없습니다. 거의 뛰다시피 했을 겁니다.

20. 그때 십이 년째 혈루증을 앓는 여인이 다가와 뒤에서 그분의 옷자락 술을 만지는 게 아닌가! 21. 여인은 속으로 말했다. '그분의 옷을 만지기만 해도 내가 나을 거야.' 22. 예수께서 돌아서셔서 그 여인을 보고 말씀하셨다. "그대, 힘내시오! 그대의 믿음이 그대를 낫게 했소." 바로 그때부터 그 여인이 나았다.

예수가 걸음을 재촉하는 때에 혈루증, 곧 산부인과 질환으로 계속해서 피를 흘리는 병을 앓는 여인이 예수에게 다가와 옷자락을 만집니다. 유대 율법으로 그 여인은 부정한 병에 걸린 것이기에 함부로 다른 사람과 접촉해서는 안 되었습니다. 그러나 그 여인은 더는 견딜 수 없는 고통 때문에 그런 법조항을 지킬 여력이 없었습니다. 여인은 간절한 마음으로 속으로 말합니다. '그분의 옷을 만지기만 해도 내가 나을 거야.' 그리고 예수의 옷에 손을 댑니다. 예수와 그 지도자, 그리고 예수의 제자들과 예수의 말을 듣던 청중 모두 소녀의 집으로 급히 가느라 그 여인에게는 신경도 못 썼겠지요. 서로 밀고 밀리며 걸었을 테니까요. 그러나 예수가 그 여인이 자신의 옷에 손을 댄 것을 알았습니다. 그러고는 돌아서서 여인에게 말을 합니다. "그대, 힘내시오! 그대의 믿음이 그대를 낫게 했소." 그 순간 여인의 병이 나았습니다.

이후 이어지는 이야기에서 예수는 죽은 소녀를 살리고 많은 사람은 예수의 능력에 주목하게 되지요. 그러나 저는 현대인이 주목해야 할 또 다른 '기적'을 따로 강조하고 싶습니다. 그것은 바로 '묵음 처리된 사람'의 소리를 듣는 능력입니다. 우리가 텔레비전이나 컴퓨터에서 영상을 보다가 필요하면 '음 소거' 또는 '묵음' 버튼을 누르잖아요. 그러면 영상 속 사람의 목소리가 들리지 않고 입만 벙긋벙긋하지요. 무슨 일을 하려는데 소리가 방해가 되면, 우리는 음 소거나 묵음 처리를 해서 그 소리를 없앱니다.

혈루병에 걸린 여인은 당시 사회의 기준으로는 부정한 사람입니다. 다른 사람과 접촉하면 정결법에 어긋납니다. 그런데 이 여인은 자신의 처지를 마냥 비관하지만 않고 간절한 마음을 갖고 와서 예수의 옷솔을 만집니다. 오로지 속으로만 말하면서요. 사회가 강요한 침묵이지요. 혼자만 속으로 말할 수 있지요. 예수는 그렇게 묵음 처리된 소리를 듣습니다. 묵음의 청각기관인 듯이요.

현대 사회에서 얼마나 많은 사람이 음 소거 당한 채 살고 있습니까. 수많은 고통의 소리들, 신음하고 울부짖는 소리들, 차마 말로 표현하지 못하는 소리가 있습니다. 하지만 우리가 그 소리를 들어줄 능력이 없지요. 아니면 으레 그러려니 하고 소음처럼 흘려듣습니다. 예수는 이 사회의 구조와 질서에 의해서 묵음 처리된 사람들의 목소리를 듣고 말을 건네는 존재입니다. "그대 힘내시오. 그대의 그 믿음이 그대를 구원했소"라고 격려하면서 말입니다.

따라서 오늘날 우리가 예수의 기적을 행한다고 한다면, 그것은 장애가 있거나 병든 사람을 의학적 기술로 치료하는 행위가 아닐지도 모릅니다. 예수의 기적은 삭제당한 소리를 듣고 대신 말해주는 능력에 있지 않을까요. 그것이 바로 예수의 기적을 되살리는 길이라고 생각합니다.

자신을 낮추는 이들에게

마지막으로 기적 한 가지를 더 보겠습니다. 15장입니다.

21. 예수께서 거기서 나가셔서 두로와 시돈 지역으로 들어가셨다. 22. 그

런데 그 지역에 사는 한 가나안 여인이 그에게 나아와 울부짖으며 말했다. "주님, 다윗의 자손님, 제게 자비를 베풀어주세요! 내 딸이 악한 귀신에 사로잡혔습니다."

두로와 시돈은 지중해 연안 도시로 무역업이 성행했습니다. 곡창 지대인 갈릴리에서 밀이나 보리가 생산되면 그것을 두로와 시돈에 있는 상인들이 헐값에 사 와서 다른 곳에 팔아 부를 누렸습니다. 반면에 농사짓는 갈릴리 사람들은 가난에서 벗어날 수 없는 구조였습니다. 갈릴리는 예수가 태어나고 활동한 지역인데, 그곳 사람들은 두로와 시돈 사람을 개라고 불렀습니다. 죽도록 고생해서 농사지은 건 자기들인데 정작 이익은 그들이 보니까요. 이러한 이유로 갈릴리에 사는 유대인하고 두로와 시돈 곧 페니키아에 사는 사람하고는 사이가 좋지 않았습니다. 특히 갈릴리 사람이 그들에게 큰 적대감을 가지고 있었고요.

그러한 상황에 예수가 두로와 시돈 지역에 들어갔는데 한 가나안 여인이 울부짖으며 호소합니다. 가나안 여인은 페니키아 쪽 사람을 말합니다.

23. 그러나 예수께서는 여인에게 한 마디도 대답하지 않으셨다. 그러자 제자들이 그분에게 나아가 요청하였다. "이 여인을 보내주십시오. 우리 뒤를 따르며 계속 소리를 지릅니다." 24. 예수께서 대답하셨다. "나는 길을 잃어버린 이스라엘 집에 속한 양들에게만 보냄을 받았소." 25. 여인이 예수에

게 다가와서 경배하며 말했다. "주님, 나를 도와주세요."

아니, 이럴 수가 있나요! 아까는 소리조차 내지 못하는 여인의 말도 들었건만 지금은 예수가 울부짖는 여인의 소리를 들은 체도 안 합니다. 그러자 제자들이 나섭니다. 이어진 예수의 대답에서 우리는 지금껏 보아온 예수와는 완전히 다른 예수를 봅니다. 곧 인종주의에 사로잡혀 갈릴리 사람의 분노를 대변하는 예수를 봅니다. '가나안 여인? 저 페니키아 사람? 우리 갈릴리 사람을 착취하는 자들? 아무리 울부짖어봐라. 내가 관심 있는 사람은 여기 이스라엘에서 길을 잃고 헤매는 핍절한 사람들이다.'

예수가 그런 태도를 취하니까 여인이 다가와 경배하며(무릎 꿇고) 애원합니다. 도와달라고.

26. 예수께서 대답하셨다. "자녀들이 먹는 떡을 가져다가 개들에게 주는 것은 좋지 않소." 27. 여인이 대답했다. "맞습니다, 주님. 개들은 자기 주인의 상에서 떨어진 부스러기를 먹기 마련이지요." 28. 그러자 예수께서 여인에게 말씀하셨다. "아! 그대의 믿음이 큽니다. 그대가 원하는 대로 이루어질 것입니다." 바로 그때 여인의 딸이 나았다.

여기서 '자녀들'이란 이스라엘의 자손입니다. '개들'은 앞서 말했듯 두로와 시돈 사람을 일컫는 갈릴리 사람의 말입니다. 이 말을 하는 예수는 갈릴리 사람의 인종주의와 지역적 편견을 고스란히 재연하고 있습니다. 그랬더니 그 여인이 놀랍게도 맞다고 수긍을 합니다. "내가 개한테 줄 게 어디 있어?" 하니 "맞아요. 개들은 주인이 떨어뜨린 부스러기를 먹을 뿐이지요." 이게 어떻게 된 일이지요?

예수는 여인의 믿음이 큼을 인정하고는 그 딸을 낫게 합니다. '믿음이 크다'는 것은 예수를 보낸 신의 뜻은 인종에 국한되어 있지 않다는 뜻이지요. 신은 인간이 구획해놓은 여러 경계와 구분을 뛰어넘어 고통받는 이들의 부르짖음에 반응하는 분이라는 고백입니다. 더불어 이 여인은 예수가 보여줄 모습을 미리 선취합니다. 이 여인은 사랑 때문에 자신을 낮추었습니다. 사랑 때문에 자신을 낮추는 길이 바로 사람을 살리는 길입니다. 우리가 살아가는 모습을 보면 알 수 있지요. 부모가 자식을 어떻게 키우는지, 우리가 친구를 어떻게 사귀는지, 또 좋은 사람이 된다는 건 무엇인지 생각해봅시다. 우리 삶에 소소하게 일어나는 기적들을 떠올려보세요. 바로 사랑 때문에 자기를 낮추는 사람들에게서 일어나는 일들 아닌가요? 사랑하니까 자신을 기꺼이 낮출 수 있는 사람, 그 사람이 여기서는 가나안 여인이었고 바로 이 여인의 삶을 예수가 살아간 것입니다.

이 장면은 예수가 자신이 타파하고자 했던 사람의 역할을 짐짓 해보인, 마치 연극과 같은 장면입니다. 예수는 정말 말을 잘해서 모든 논쟁 상대를 다 쓰러뜨리는 위대한 달변가인데, 이 여인과의 논쟁에서는 깨끗이 승복합니다. '맞습니다. 사랑으로 자기를 낮추는 것이 기적을

불러일으키지요. 신은 인간의 구분을 뛰어넘어 사랑하시지요.'

무엇이든 할 수 있고 아무것도 못하는

지금까지 살펴본 것처럼 예수의 기적은 한 사람의 삶을 바꿔놓기도 하고 사람의 가능성을 증폭시키기도 했습니다. 그래서 많은 사람이 예수를 따랐습니다. 12장 38절에 나와 있듯이 기적을 바라면서요.

> 38. 이 무렵에 율법학자와 바리새인 들이 말했다. 선생님, 선생님이 일으키신 기적을 보고 싶습니다.

그러나 이러한 기적 자체가 사람을 변화시키는 게 아닙니다. 기적을 받아들이는 사람, 그 기적을 해석하여 자신의 삶을 기적으로 꾸미는 사람이 변화를 이룹니다. 가만히 생각해보면 기적은 그 힘이 참 강해서 무력합니다. 희한한 말입니다만, 실상이 그렇습니다. 예수는 대단한 기적을 행했음에도 결국 십자가에서 죽음을 맞이하지 않았습니까. 기적을 수없이 본 그의 제자들도 십자가형의 현장에서 그를 배반했고요. 예수가 기적을 일으키는 걸 알고 있던 유대인 지도자들도 예수를 사형에 처했습니다. 뿐만 아니라 기적의 수혜를 받았던 군중도 선동에 넘어가서 예수를 십자가형에 처하라고 소리를 질렀습니다. 그러니 기적은 대단해 보이지만, 동시에 그 자체로는 무력한 것이지요. 그래서 기적을 보고 싶다고 했을 때 예수가 말합니다.

39. 악하고 줏대 없는 이 세대는 기적을 찾고 있으나 그들이 볼 수 있는 표적이라고는 예언자 요나의 표적 외에는 없습니다.

예언자 요나는 이스라엘 원수들의 주요 도시인 니느웨로 가서 심판을 경고하고 회개하도록 하여 그 도시를 살리라는 신의 말을 듣습니다. 그러나 요나는 그 일을 담당하기가 싫었지요. 니느웨가 처참하게 망하기를 바란 것입니다. 그래서 니느웨가 아니라 다시스라는 다른 곳으로 갑니다. 신의 명령을 따르지 않고 도리어 도피한 것입니다. 그러자 신은 바다를 뒤흔들어 요나가 탄 배의 사람들이 그를 바다에 던지게 합니다. 이후 바다의 큰 물고기가 요나를 삼키고 삼일 밤낮을 지낸 후에 구조되어 마침내 니느웨로 향하지요. 이후 요나는 니느웨에서 예언 활동을 펼치고 크게 성공을 거두게 됩니다. 니느웨 사람들은 회개하고 돌이킵니다. 따라서 요나의 기적이란 유대인이 싫어할지라도 비유대인이 극적으로 돌이키는 기적을 가리킵니다. 예수는 적대자들을 악하고 줏대 없다고 꾸짖으면서 비유대인이 신의 뜻으로 돌이키는 기적을 보리라고 말합니다. 이미 예수가 행한 기적을 보고도 돌이키지 않는다면 무슨 기적이 더 필요할까요. 새롭고 더 강한 기적보다는 그 기적을 받아들이는 사람들의 자세가 결정적인 것이지요.

이번 강의에서는 예수의 기적 이야기를 통해서 오늘 우리에게 기적이 어떤 의미일지 생각해보았습니다. 우리는 과학주의가 팽배하고, 과학기술이 지배하는 시대에 살고 있습니다. 그러나 예수가 일으킨 기적들, 곧 사람의 삶을 바꾸는 기적, 고통 속에 삭제당한 울부짖음을 듣고 그들을 새롭게 살아가도록 하는 기적, 사랑 때문에 기꺼이 자신을 낮출 때 일어나는 기적 등을 곱씹으면 여전히 과학기술로 달성할 수 없는 차원의 기적이라고 할 수 있습니다. 지금 여기에서도 예수의 기적이 필요하지 않겠습니까.

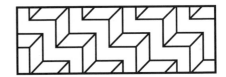

변혁의 시어

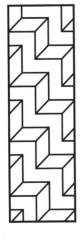

'합당한 것'과 '정의로운 것'

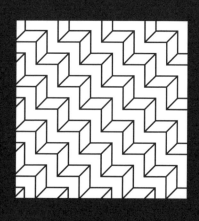

이번 강의에서는 예수의 특별한 문학성을 살펴보려고 합니다. 본론에 앞서, 제가 언젠가 들은 이야기를 하나 소개하겠습니다. 일본 메이지 유신 때의 일이라고 하는데요, 어느 작가가 영어로 된 도서를 번역하고 있었다고 합니다. 한창 번역해나가다가 "아이 러브 유(I love you)"라는 문장을 만났습니다. 이 번역가는 고민에 빠졌습니다. 일본어로 그 뜻과 정서를 잘 전달하기가 어려웠던 것이지요. 당시 일본에서는 상대방에게 그렇게 대놓고 "너를 사랑해"라고 하지 않았다고 합니다. 고심을 거듭하던 번역가는 결국 이렇게 번역했다고 합니다. "오늘은 참 달이 밝네요." 운치 있는 표현이지요. 문자 그대로 옮긴 것은 아니지만 좋은 번역인 것 같습니다. 자기 나라 정서에 비추어 가장 적절한 말을 찾은 것이니까요.

말, 특히 인간의 깊은 정서와 생각과 통찰을 담은 언어의 경우 그것은 좀처럼 쉽게 다른 이에게 전달하기 어려울 때가 많습니다. 제가 학생들을 가르칠 때 언어 표현의 한계를 이야기하면서 자주 드는 예가 있습니다. 여러분이 만약 희귀한 과일을 하나 맛보았다고 가정합시다. 우리가 보통 먹는 과일들과는 맛이 전혀 달랐습니다. 잠시 후, 그 과일을 먹어본 적 없는 친구가 여러분에게 어떤 맛이더냐고 물었습니다. 그럼 어떻게 설명하겠습니까? 아마 쉽지 않을 것입니다. 그렇다면 사과 맛의 경우는 어떨까요? 우리 대다수가 사과를 먹어봤기 때문에 "그 사과 정말 맛있어!"라고 하면 무슨 맛인지 알 수 있습니다. 그러나 사과를 먹어보지 않은 사람한테는 뭐라고 설명해야 할까요. 역시 쉽지 않을 겁니다. 객관적인 지표가 있는 과학의 언어로 설명할 수 있을까요? 예컨대 "사과의 맛은 pH 얼마에서 얼마 정도이고, 당도는 어느 정도이다"라고 한다고 해도 그 '맛'을 전달하기는 어렵지요.

산문적 인생의 복판을 가로지른 시

지금까지 우리는 예수가 새로운 질서가 임했음을 선포하고, 그것을 이루는 지혜를 말하고, 나아가 기적 퍼포먼스를 통해 메시지를 명료하게 하는 것을 보았습니다. 그러나 역시 그 선포와 말과 기적으로도 미처다 그의 뜻을 전하지 못한 듯합니다. 그래서 예수는 자신의 통찰과 경험과 전망을 전하려고 문학적 기법을 사용합니다. 그것이 비유입니다.

비유는 일상의 언어로 비일상적인 것을 말해주는 방법입니다. 예수의 비유를 읽다 보면 '이게 말이 되나?' 싶을 정도로 혼동이 생기는데, 바로 그러한 낯선 방식을 통해 예수는 자신이 체험하고 바라고 선포했던 하늘나라, 하늘에서 이루어진 질서를 사람들에게 전하려 합니다. 이런 의미에서 어떤 이들은 문학가 예수 또는 시인 예수라고도 합니다. 제가 제일 좋아하는 예수 소개글은 『구약』을 가르치셨던 곽노순 교수님의 '산문적 인생의 복판을 질러 간 시의 원형'이라는 표현입니다. 우리 인생은 산문적이지요. '그래서, 그러므로, 때문에, 그러나' 등을 써가며 구구절절 설명하는, 번잡하고 난삽하고 또 지리멸렬한 때가 많지요. 그런 인생의 한복판을 가로지르는 시의 원형이니, 그의 존재와 그의 생각을 표현할 때 어쩌면 자연스레 비유와 같은 문학적 양식이 필요했겠지요. 평범한 우리가 간절한 무엇을 말할 때에 문학적 기법이 필요하듯이오.

보물을 맞닥뜨린다면

예수는 많은 비유를 말했는데, 먼저 비교적 짧은 비유 몇 개를 다루어 보려 합니다. 첫 번째는 다음과 같습니다. 「마태복음서」 13장 44~46절입니다.

44. 하늘나라는 밭에 숨겨놓은 보물과 같습니다. 한 사람이 그것을 발견

하고는 다시 숨겨놓고, 기쁘게 돌아가 자기가 가진 것을 모두 팔아 그 밭을 삽니다. 45. 또 하늘나라는 좋은 진주를 찾아 나선 한 상인과 같습니다. 46. 매우 값진 진주를 발견하고는 돌아가서 자기가 가진 것을 모두 팔아 그것을 삽니다.

모두 일상어이고, 이해 못할 것은 없을 듯도 합니다. 그런데 가만히 생각해보면 또 그렇지 않습니다. 우리가 첫 강의에서 말했듯 역사비평적으로 읽으면, 그러니까 당시의 역사적 상황을 놓고 보면 다소 놀랍게 다가옵니다. 이제부터 하나씩 짚어보겠습니다.

이 사람은 아마 자기 밭이 없었나 봅니다. 소작농이었겠지요. 그가 밭에서 쟁기질을 하고 있었습니다. 밭을 갈고 있는데 뭔가 툭 걸립니다. 돌인가 싶어 파헤쳐봤더니 웬 오지그릇이 하나 나옵니다. 항아리 같은 그릇이 나와서 안을 보니까 거기에 엄청난 보물이 들어 있지 않겠습니까! 마치 동화 속 이야기 같은데요, 이 비유를 이해하기 위해서는 당시 사회 배경을 알 필요가 있습니다.

그 시대에는 전쟁 같은 난리 상황이 벌어지면 사람들이 재산을 보관해둘 방법이 딱히 없었습니다. 그래서 보물 같은 귀중품을 그릇에 넣어서 땅을 파고 묻었습니다. 그러고는 피난을 갔는데, 가서 그 사람이 죽을 수도 있겠지요? 그러면 그 땅은 임자 없는 땅이 되거나 친척 중 한 사람이 물려받아서 땅 주인이 되기도 했습니다. 따라서 앞서와 같이 땅을 파다 보물을 발견하는 일이 아주 드물지 않았던 겁니다. 그에 대한

규범도 마련되어 있었을 테고요.

그럼 이렇게 발견한 보물은 누가 차지해야 할까요? 발견한 소작인의 몫일까요, 아니면 밭 주인의 몫일까요? 밭 주인은 자기 밭에 있었으니까 자기 것이라고 하고, 소작인은 자신이 아니었으면 발견할 수 없었을 테니 자기 것이라고 주장할 수 있습니다. 『탈무드』에는 이런 경우 소작인의 딸과 밭 주인의 아들을 혼인시켜 두 집안이 보물을 나눠 가졌다고 나오기도 합니다. 실제로 대부분은 발견한 사람과 밭 주인이 서로 일정하게 분배하도록 합니다.

그러니 저 소작농도 밭 주인에게 보물이 나왔다고 알려야 할 텐데, 그는 그러지 않았습니다. 그저 기쁘게 돌아가 자기 재산을 모두 팔아 그 밭을 샀습니다. 자, 여러분 같으면 이 사람처럼 행동하겠습니까? 대개는 도덕적으로 생각해서, 양심에 위배되니 그러지 않을 것입니다. 설령 그 이유가 아니라도 저건 바보 같은 짓 아닌가요? 소작농이면 재산도 별로 없이 가난한 사람일 텐데, 자기가 가진 것을 다 팔아봤자 그 밭을 살 수도 없겠지요. 모자라는 돈을 주변에서 꿔다가 겨우 샀다 쳐도, 밭을 사자마자 보물을 꺼내 팔면 바로 들통이 나지 않겠습니까. 그럼 빚만 지고 뭘로 먹고사나요, 이 사람은? 이렇게나 계산을 못하는 사람이 있을까요? 왜 비상식적이고 법에 어긋나는 행동을 할까요?

여기에 핵심 단어가 있습니다. 바로 '기쁘게'라는 단어입니다. 말하자면 이 사람은 지금 정신을 놓은 겁니다. 정신을 놓은 나머지 법이나 관습에 대해서 머릿속이 백지 상태가 되었을 뿐 아니라 현실적인 계산도 하지 못한 채 오로지 저 보물이 갖고 싶다는 마음뿐이었습니다. 그래서 이 당시 사람들이 그를 보았다면 '어, 저 사람 이상하네?' 하고 반응했겠지요.

밭에 숨겨놓은 보물이 하늘나라와 같다고 했는데 그 뜻은 이런 것입니다. 어떤 사람이 신의 질서를 발견했습니다. 예수를 통해서 신의 선포를 들었습니다. 그 말을 듣는 순간 정신이 아득해지고 계산이 전혀 되지 않는 것이에요. 세관에 앉아 있던 마태가 예수의 부름에 정신을 놓고 일어나 예수를 따랐듯, 순간 정신을 놓은 겁니다. 신의 나라는 이렇게 기뻐서 정신을 놓아버린 듯 일상의 관습과 법의 질서에 얽매이지 않는 것임을 알려주고 있습니다. 새로운 세상을 꿈꾸고 그 세상을 위해 해나가고자 하는 일들이 그러한 것이라고요.

그다음 구절을 보면 하늘나라는 좋은 진주를 찾아 나선 한 상인과 같아서, 매우 값진 진주를 발견하고는 돌아가 자기가 가진 것을 모두 팔아 그것을 산다고 했습니다. 이 상인에 대해서는 어떻게 생각하시나요? 제가 만약에 이 상인이라면 전 그렇게 하지 않습니다. 첫째, 진주를 사면 소문이 날 것 아닙니까. 그러면 누가 훔쳐갈까 봐 얼마나 불안하겠어요. 둘째, 앞의 경우처럼 자기 것을 다 팔아서 사면 이제 뭘로 먹고 삽니까. 이 보물을 전시할까요? 이 상인 역시 기쁨에 완전히 정신을 놓은 겁니다.

이 내용을 많은 위대한 화가들이 그림에 담았습니다만, 저는 최근에 발견한 한 그림이 무척 인상적이었습니다. 그림에는 한 사람이 땅

속에서 보물을 발견하고는 무릎 꿇고 앉아 완전히 몰입해 있습니다. 그는 저도 모르는 사이 희열에, 기쁨에 휩싸여 주체할 수 없는 상태가 됩니다.

이것이 바로 우리가 신의 나라를 만났을 때 일어나는 일이라고 예수는 말합니다. 이렇게 생각해봅시다. 어느 날 여러분이 정말 멋지고 흥미진진한 놀이공원을 다녀왔는데 친구가 물어봅니다. "거기 어땠어?" 그러면 뭐라고 하겠습니까. "야, 말도 마. 거기 너무너무 좋아." 이 말만으로는 친구에게 제대로 가 닿지 않겠지요. 그래서 예수는 비유를 통해서 형언하기 어려운 기쁨을 표현한 것입니다.

「마태복음서」에서 '복음(福音)'이라는 말 자체가 기쁜 소리, 기쁜 소식을 뜻합니다. 그리스어로 하면 '유앙겔리온'입니다. '유'가 좋다는 뜻이고 '앙겔리온'이 소식이라는 뜻입니다. 기쁨에 사로잡힌 이야기가 나오는 이유입니다.

낙관과 확신의 비유 1 : 하늘나라는 겨자씨와 같다

그다음 비유로 넘어가겠습니다. 13장 31절부터입니다.

31. 예수께서 그들에게 다른 비유를 말씀하셨다. "하늘나라는 겨자씨와 같습니다. 어떤 사람이 그 씨를 받아다 자기 밭에 뿌렸습니다. 32. 그것은

마태복음서

| 135 |

모든 씨 가운데 가장 작습니다. 그러나 그것이 자라면 어떤 풀보다 더 커져서 나무가 됩니다. 그러면 하늘 나는 새들이 와서 그 나뭇가지에 둥지를 틀지요."

역시 어려운 말은 하나도 없습니다. 그런데 당시 사람들로서는 좀 이상하게 느낄 만한 이야기입니다. 겨자씨를 자기 밭에 뿌리는 일은 거의 없기 때문입니다. 겨자는 향신료이기는 하지만 주로 바깥에서, 노지에서 그냥 자라게 하는 작물입니다. 여하튼 자기 밭에 뿌렸다고 하는데, 아주 작은 겨자씨가 자라서 나무가 되었습니다.

이 비유는 다음과 같은 상황을 알면 이해하기 쉽습니다. 예수가, 또 그전에 세례자 요한이 하늘의 뜻을 이 땅에 심기 위한 운동을 할 때 수많은 반대자가 있었습니다. 바리새인이나 사두개인, 또 로마 지배 체제에 부역하고 협력한 사람 들이 계속해서 예수의 운동을 방해했습니다. 그렇다 보니 주변에는 비관이나 낙담하는 소리가 있었습니다.

그런 사람들 앞에 예수가 하고자 하는 말이 이 겨자씨 비유에 담겨 있습니다. '신의 나라의 질서는 겨자씨가 자연적으로 자라듯이 반드시 성장하게 되어 있다.' 긍정과 낙관의 이야기입니다. '하늘에 나는 새들이 와서 그 나뭇가지에 둥지를 튼다'는 말에서 새들은 여러 다른 민족을 뜻합니다. 사람들이 "이렇게 시작한 작고 보잘것없는 일이 우리 사회에 무슨 영향을 끼치겠어?"라고 의문을 품을 때 예수는 비유로 답을 하는 것이지요. "우리가 시작하는 이 작은 일은 결코 헛되지 않아. 우리가 키운 나무에 여러 나라 사람들이 둥지를 틀고 안식을 발견하고 희망을 볼 거야."

낙관과 확신의 비유 2 : 하늘나라는 누룩과 같다

다음으로 누룩 비유가 있습니다.

> 33. 예수께서 그들에게 다른 비유를 말씀하셨다. "하늘나라는 누룩과 같습니다. 어떤 여인이 그것을 받아다가 밀가루 서 말에 몰래 넣었더니 온통 부풀어 올랐습니다."

밀가루 서 말이면 한 가정집 주부가 요리하기에 많은 양입니다. 아껴 먹으면 300명이 먹을 수 있을 정도의 분량입니다. 거기에 누룩을 넣었더니 온통 부풀어 올랐다, 그러니까 엄청나게 많은 빵을 만들게 된 것이지요. 이 비유를 지금의 젊은이들도 알아듣기 쉬운 말로 바꿔보면 이렇습니다. '어떤 해커가 아무도 모르게 바이러스를 서버에 침투시켰다. 그랬더니 모든 시스템이 다 엉망이 되어버렸다.'

당시 사회에서 여인이 빵을 만드는 건 일상적이고 어떻게 보면 하찮은 일로 보입니다. 그처럼 예수가 하는 운동도 아무것도 아닌 일 같아 보였을 것입니다. 예수와 함께하는 사람들 역시 별 볼 일 없는 사람들입니다. 그래서 지위가 높은 사람들이 '저 천한 것들이 뭘 하나' 하고 봤더니 그들이 하는 일이란 그냥 밥하는 일, 빵 만드는 일이나 별다를 게 없어 보였지요. 그 일을 하는 사람들 스스로 느끼기에도 그럴 수 있습니다. 우리가 하늘나라 질서를 이 땅에 세우고자 하지만 그리 대단한 일이 아닌 것 같고 과연 무슨 성과가 있을까 싶을 수 있지요.

그들에게 예수가 말합니다. "일상적이고 사소하고 하찮아 보이는 일이지만 여러분은 지금 300명을 먹일 일을 하고 있습니다." 낙관과 희망을 비유적으로 표현한 것입니다. 뜻을 품고 어떤 일을 해나가는 사람들에게는 작은 일이 큰 일로 이어지는 꿈을 잃지 않도록 도와주는 말이지요. 무언가 이루려고 살아가다 보면 불안하기도 하고, 실패하지 않을까 두렵고, 때로는 좌절감과 열패감, 열등감에 시달리게 마련입니다. 살아가며 자신이 하는 일의 귀한 가치를 모르는 사람들에게 예수는 이렇듯 문학적인 방법으로 위로와 격려를 보냅니다.

포도원 주인의 비유 : 합당한 품삯은 얼마인가?

이제 소개할 비유는 오늘날 논의되는 주제와 더불어 생각하면 재미있습니다. 한번 같이 읽어보겠습니다. 「마태복음서」 20장입니다.

1. 하늘나라는 마치 자기 포도원에 일꾼을 고용하려고 이른 아침에 나간

집주인이 행한 일과 같습니다. 2. 그는 일꾼들과 일당 한 데나리온을 주기로 합의하고 그들을 자기 포도원으로 들여보냈습니다. 3. 그가 아홉 시 즈음에 나가보니 장터에 일이 없어 그저 서 있는 다른 사람들을 보았습니다. 4. 그가 그들에게 이렇게 말했습니다. '여러분도 포도원에 가시오. 여러분에게 합당한 품삯을 주겠소.' 5. 그들이 포도원으로 들어갔습니다. 그가 다시 열두 시와 오후 세 시에 나가서 이같이 했습니다.

우리는 「마태복음서」를 역사비평적으로 읽고 있습니다. 따라서 이 비유를 듣는 1세기 사람들의 문화와 정치, 경제적 지식을 가지고 해석해봐야겠지요. 아마 그들은 이 첫 문장을 듣고 썩 탐탁지 않았을 것입니다. 왜냐하면 하늘나라는 민중의 희망과 염원이 실현될 곳으로 기대하는데, 하늘나라가 대개 평판이 좋을 리 없는 포도원 주인이 행한 일과 같다고 하니까요. 밀이나 보리가 주식을 제공하는 작물인 반면 포도는 주식이 아니지요. 포도 재배는 영리 목적인데, 포도로 이득을 내려면 밀이나 보리에 비해 훨씬 더 큰 면적의 땅이 필요하고 반면 거기서 일할 일꾼은 많이 필요하지 않는 편입니다. 당시에는 땅이 유일한 생산수단이자 생존 근거였기에, 어느 지역에 포도원이 있으면 그 주변에 사는 사람들은 굶주릴 가능성이 컸습니다.
　　포도원 주인들은 대개 그 지역에 거주하지 않고 다른 지역에 살고 있습니다. 이런 사람들을 부재지주(不在地主)라고 불렀습니다. 부재지주는 그 지역에 뿌리내리고 농사지으며 사는 사람들에게는 못마땅한 사람입니다. 자기네 마을의 땅을 대거 사놓고는 필요할 때만 일꾼을 써서 포도를 수확해 떠나는 사람. 얼굴 한번 본 적 없는 외지인이 자신들이 부쳐먹어야 할 땅을 차지하고 이익만 챙긴다고 여겼겠지요. 그래서 가끔 소작농들이 힘을 모아 부재지주에게 대항하기도 했습니다. 종종 그 대항은 폭력적 결말을 가져오기도 했습니다. 그러니 하늘나라를 포도원 주인의 행한 일에 빗대는 것은 다수가 빈민층이었던 예수의 청중에게 기분 좋은 시작은 아니었을 것입니다.

주인은 하루 품삯으로 한 데나리온을 일꾼들에게 주기로 합의하고 그들을 자기 포도원으로 들여보냈습니다. 시간이 안 나오지만 새벽 6시 정도 되었을 겁니다. 그러고는 9시에 다시 갔더니 장터에서 일이 없이 그저 서 있는 사람들이 보입니다. 주인은 그들도 포도원으로 가라면서 고용을 합니다. 그러고는 합당한 품삯을 주겠다고 합니다. 이후 12시와 오후 3시에 나가서도 마찬가지로 일이 없는 사람들을 보고는 같은 행동을 합니다.

여기서 한번 생각해봅시다. 6시부터 일한 사람에게 합당한 품삯이 한 데나리온이라고 했습니다. 그것은 통상적으로 노동자의 하루 품삯이었습니다. 어느 학자의 지적처럼 그것이 구조화된 저임금이었다고 해도 말이지요. 4인 가족이 세끼를 먹기에 다소 빠듯했다고 계산하는 학자들도 있습니다. 여하튼 6시부터 일한 사람의 품삯이 한 데나리온이면 9시부터 일한 사람에게 합당한 품삯은 얼마일까요? 12시와 오후 3시에 들어온 사람에게는 얼마를 줘야 합당할까요? 이야기는 계속됩니다.

정의로운 분배

6. 그가 오후 다섯 시 즈음에 나갔을 때 다른 사람들이 일이 없이 서 있는 것을 보고 그들에게 말했습니다. '왜 일하지 않고 하루 종일 이곳에 서 있는 거요?' 7. 그들이 대답했습니다. '아무도 우리를 고용하지 않네요.' 그가 그들에게 말했습니다. '여러분도 포도원에 들어가서 일하세요.' 8. 저녁이 되었을 때 포도원 주인이 관리인을 불러 말했습니다. '일꾼을 불러서 마지막에 온 사람부터 처음에 온 사람까지 품삯을 주거라.'

일을 마치는 시간은 오후 6시입니다. 그런데 5시면 한 시간밖에 안 남았지요. 그 시간에 고용되지 못한 사람들 역시 주인은 포도원으로 불러 일하게 합니다.

자, 우리나라 인력시장을 떠올려봅시다. 일하려고 모여 있는 사람들을 태우러 차가 오잖아요. 그때 누구를 먼저 태우겠습니까? 젊고 건강하고 일 잘하게 생긴 사람을 우선 태우고, 상대적으로 나이 들고 일할 능력이 떨어져 보이는 사람은 순위가 밀리겠지요. 여기서 오후 5시까지 고용되지 못한 사람들은 그런 이유가 있었던 것입니다. 이렇게 한 시간도 채 일하지 않은 사람에게는 얼마의 품삯을 줘야 합당할까요? '합당한'에 해당하는 말이 헬라어로 '디카이오스'인데 이는 '정의로운'을 뜻합니다. 정의에 맞는, 정당한 품삯이 얼마인가. 우리가 처음부터 포도원에 가서 일한 사람이라면, 주인의 마지막 말에서 벌써 기분이 상했을 것 같습니다. 맨 마지막에 온 사람부터 품삯을 주라고 하니까요. 얼마를 주나 봤더니 다음과 같았습니다.

9. 오후 다섯 시에 온 사람이 와서 한 데나리온을 받았습니다. 10. 처음에 온 사람들은 더 많이 받을 수 있을 거라 생각했지요. 그러나 그들도 한 데나리온을 받았습니다. 11. 받고 나서는 집주인에게 불평을 터뜨렸습니다. 12. '마지막에 와서 한 시간만 일한 이 사람들과 하루 종일 짐을 지어 나르고 무더위를 견딘 우리와 동등하게 대우하시다니요!'

네, 누구라도 당연히 불평을 터트리겠지요. 만약에 집주인이 관리인을 시켜서 처음에 온 사람부터 품삯을 주라고 했다면 어땠겠습니까. 애초 약속대로 한 데나리온을 받고 만족했겠지요. 그다음에 9시에 온 사람에게 한 데나리온을 줍니다. 역시 만족합니다. 오후 3시에 온 사람은 더 만족할 겁니다. 마지막으로 오후 5시에 온 사람도 한 데나리온을 받습니다. 그러면 그는 만족을 넘어 기쁨이 넘쳐났을 겁니다. 감사하다고 거듭 인사하며 돈을 받았겠지요. 그런데 주인은 순서도 반대로, 마지막에 온 사람부터 품삯을 주었을뿐더러 심지어 똑같이 한 데나리온을 주었습니다. 이것은 의도적으로 주인이 생각하는 '정당한 품삯', 정의로운 임금을 이 마을 사람들 전체에게 알리겠다는 의지로 보입니다.

일꾼들의 불평에 주인이 어떻게 답하는지 보십시오.

12. 집주인이 그들 중 한 사람에게 대답했습니다. '이보게 친구. 내가 그대에게 부당하게 한 것이 있는가? 나하고 한 데나리온에 합의하지 않았는가? 14. 그대의 것 가지고 가시게. 나는 그대에게 주는 것과 같이 이 마지막에 온 사람에게 주고 싶네. 15. 내 것으로 내가 원하는 대로 하는 것이 부당하다는 것인가? 내가 선한 일을 했는데, 혹시 그대의 눈이 악한 것 아니오?' 16. 이와 같이 마지막 사람이 첫 번째가 되고 첫 번째 사람이 마지막이 됩니다.

능력주의와 공정함

이야기는 이렇게 끝납니다. 생각해봅시다. 누구의 행동이 옳습니까. 누구의 눈이 나쁩니까. 맨 처음 일하러 온 사람의 입장에서 정당한 대우는 무엇일까요. 두 가지 가능성이 있습니다. 자신은 한 데나리온을 받고 그다음부터 점점 깎이는 거겠지요. 혹은 맨 마지막에 온 사람이 한 데나리온을 받았으면 자신은 몇 배는 더 받아야 하겠지요. 둘 중 하나는 해줘야 공정하다고 여길 것입니다. 한 데나리온에서 시작해 더 일찍 온 사람에게 점점 더 많이 주는 방법은 포도원 주인의 입장에서는 불가능합니다. 포도원이 운영되려면 노동자에 대한 지출이 어느 정도 정해져 있어야 하니까요. 그럼 여러분이 주인이라면 어떤 방법을 택하겠습니까? 한 데나리온에서 점점 깎아나가겠지요? 그러면 처음에 온 일꾼들은 주인이 정당하다고 여길 겁니다. 아마 오후 5시에 온 사람도 그것을 수긍했을 것입니다. 그러나 주인이 생각한 정의는 '누구든지 하루에 한 데나리온을 받아야 된다'는 것입니다. 다른 곳에서 별다른 소득을 올릴 기회가 없는 노동자는 그가 일한 양에 상관없이 하루 품삯을 받아야 한다는 것입니다. 그래야 그도 살겠지요. 그리고 임금이란 그렇게 사람의 생존을 보장해야 정의롭고 정당하다고 주인은 사람들에게 선언합니다. 여기서 저는 요즘의 기본 소득 논의가 문득 떠올랐습니다.

오늘날 사회는 능력주의를 전제로 깔고 있습니다. 능력대로 일하고 일한 만큼 받는다, 그래서 능력이 모자란 사람과 뛰어난 사람을 구분해야 한다, 이런 것이지요. 열심히 일하고 능력이 뛰어난 사람이 더 많이 버는 것이 합당해 보입니다. 그래야 일할 맛도 나겠지요. 난 열심히 일하고 저 사람은 노는데 똑같이 보상을 받으면 정말 화가 날 겁니다. 그런데 우리는 한편으로 한 사회가, 또 전체 세계가 감당할 수 있는 에너지의 총량이 있다는 것도 생각할 수 있습니다. 무한한 성장은 불가능하고, 한 사회가 생산할 수 있는 양이 급격하게 늘지는 않습니다. 그러니 한 사회의 잠재적 총량을 생각할 때 우리는 질문하게 됩니다. 능력 있는 사람이 얼마큼 받아야 하는가. 능력이 없어 사회에서 고용되지 않는 사람은 어떻게 생계를 꾸려가야 하는가. 또 다른 한편 능력주의 앞에서 묻습니다. 당신의 그 능력은 어디로부터 왔는가. 그 능력을 발휘할 이 사회는 누구의 '능력'으로부터 존재하는가.

하늘나라는 이 포도원 주인이 행한 일과 같습니다. 총량이 있다는 것을 압니다. 지구가 견딜 수 있는 에너지에 한계가 있다는 걸 알고 있습니다. 그러면 그걸 가지고 어떻게 운영해야 할까. 예수는 이야기합니다. 하늘나라는 맨 마지막에 있는 사람, 고용되지 못하는 사람도 생계를 꾸려나갈 수 있는 그런 세상이 되어야 한다고 말입니다. 포도원 주인의 비유를 통해서 오늘의 우리에게 일러줍니다.

이 밖에도 예수의 비유는 놀랍고도 아름답게 기존 관념을 뒤흔듭니다. 평소 당연시한 삶의 질서를 역전해서 새로운 가능성을 보도록 해줍니다. 오늘 이 정의롭고 선한 포도원 주인의 비유를 통해서 우리 삶의 행태, 삶의 양식, 삶을 바라보는 방식 등을 전면적으로 다시 성찰할 수 있기를 기대합니다.

제7강

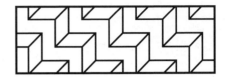

공존의 윤리

나의 눈 속에 무엇이
들어 있는가

이번 강의에서는 인간이 다른 인간을 대하는 근본 태도, 그리고 내가 나 자신을 대하는 태도에 대해 알아보려고 합니다. 성서는 어떤 부분에서 다른 고전과 뜻을 같이합니다. 가령 『맹자』「공손추」편에 이런 구절이 있습니다. '무측은지심 비인야 측은지심 인지단야(無惻隱之心 非人也 惻隱之心 仁之端也).' 측은지심이 없으면 인간이라 할 수 없으니, 측은지심이라는 것은 인(仁, 어짊)의 극단에 있는 최고의 단서다. 『맹자』에 따르면 측은지심은 다른 세 가지 마음, 즉 수오지심(羞惡之心, 부끄러워하는 마음), 사양지심(辭讓之心, 자기를 절제해 예의를 차리는 마음), 시비지심(是非之心, 옳고 그름을 가릴 줄 아는 마음)과 함께 인간의 가장 중요한 마음가짐을 형성합니다.

　저는 이 부분을 처음 접했을 때 다른 마음들은 다 수긍이 되었는데 측은지심이 잘 납득이 되지 않았습니다. 불쌍히 여기는 마음이 있어야 한다니요. 예전 드라마에서 나오고는 했던 말, '그런 싸구려 동정 따윈 필요 없어!'가 떠오르고요. 다른 사람을 불쌍히 여기는 게 감히 내가 할 수 있는 일인가 싶었습니다. 오만한 마음인 것 같고, 누가 나를 불쌍히 여긴다면 그 마음도 받고 싶지 않았습니다.

그런데 공부해가다 보니 측은지심은 알량한 동정과는 거리가 먼 것이었습니다. 측은지심은 어디로부터 올까요? 우선 자신을 볼 때 나옵니다. 벌거벗은 내 모습을 내가 제일 잘 알고, 내가 잘못한 것 역시 누구보다 내가 잘 압니다. 거울 앞에 섰을 때, 굳이 윤동주의 시를 빌리지 않아도, 손으로 발로 거울을 닦아가며 비추어보면 부끄럽고 추한 모습의 나를 발견합니다. 자아성찰에서 측은지심이 오지요. 측은지심은 또한 다른 사람을 볼 때도 나옵니다. 그 사람도 나와 똑같이 벌거벗은 한 인간임을 깨달을 때 말입니다. 우리는 서로에게 상처를 주고 또 받으며, 가해자와 피해자를 번갈아가며 살아가고 있지 않습니까.

예수도 측은지심과 잇닿은 말을 했습니다. 그러한 마음과 태도를 어떻게 설명했는지 성서 구절을 통해 보도록 하겠습니다.

비판과 심판

첫 번째, 「마태복음서」 7장 1절입니다.

1. 심판자 노릇을 하지 마십시오. 그렇지 않으면 여러분은 심판을 받게 됩니다. 여러분이 심판하는 그대로 여러분은 심판을 받습니다. 여러분이 재

단하는 그대로 여러분도 재단당합니다.

이 부분에 대해 흔히 알려진 번역은 다음과 같습니다. '비판받지 아니하려거든 비판하지 말라. 너희가 비판하는 그 비판으로 너희가 비판받을 것이요, 너희가 헤아리는 그 헤아림으로 너희가 헤아림을 당할 것이다.' 이렇게 '심판'이 아닌 '비판'이라고 되어 있습니다. 마치 예수가 어떤 비판적 행위를 다 금지한 것처럼 들리는데, 예수가 정말 그렇게 말했다면 예수 자신부터 고쳐야 할 겁니다. 예수는 비판을 엄청 많이 했으니까요. 일례로 「마태복음서」 23장을 저는 '욕(辱)장'이라고 부르는데 그럴 정도로 예수가 당시의 지도자들에게 어마어마하게 욕을 합니다.

여기서는 비판을 하지 말라고 이야기하는 게 아닙니다. 도리어 종교의 핵심에는 비판 정신이 있습니다. 예수가 말한 뜻은 심판자 노릇 하지 말라는 것입니다. 곧 남의 삶의 전모를 파악한 듯 그와 그의 삶과 인격에 대해서 최종 판결권을 가진 듯이 굴지 말라는 것이지요.

요즘에는 누군가, 특히 대중에게 잘 알려진 사람이 잘못이나 실수를 하면 어떻게 됩니까. 그것을 보도한 기사 아래 어마어마한 악성 댓글이 달리는가 하면 당사자의 SNS 계정에도 비난이 쇄도합니다. 그런 비난 때문에 희생된 유명인도 적지 않습니다. 심지어 잘못이 아닌 일에도 '악플'이 대거 달리는 일이 많습니다. 한 가지 잘못, 또는 행동이 그 사람의 인격 전체라는 듯이 침소봉대(針小棒大)해서 그 사람의 인생까지 삭제하려고 드는 사람들이 있습니다.

예수는 바로 그런 식으로 다른 사람의 삶을 평가하고 단죄하고, 살아갈 가치가 있느냐 없느냐까지 결정지으려 하는 심판자 노릇을 하지 말라고 합니다. 가만히 생각해보면 그런 심판 행위는 아주 위험합니다. 누구나 어떤 행동을 할 때는 내면에 간단치 않은 이유와 사정이 있습니다. 자신의 범위, 곧 자기 자신부터 친구나 가족, 소속된 조직을 고려하고 크게는 사회와 국가까지도 신경을 쓰지요. 또한 어떤 말이나 행동을 할 때 미처 제어하지 못하고 표출되는 경우도 종종 있습니다. 그래서 뒤늦게 후회하지요. 우리는 얼마나 스스로도 이해 못할 일들을 하고 부끄러워합니까.

7장 1절이 전하는 핵심은 첫째, 충분한 자격도 정보도 없으면서 다른 사람 위에 최종 심판자처럼 군림하려 들지 말라는 것이고 둘째, 우리가 그런 태도를 보이면 다른 사람도 우리한테 그렇게 대할 것이라고 확인해주는 것입니다. 서로에게 최종 심판자처럼 구는 세상은 사람이 살 만한 곳이 못 될뿐더러 그것은 신의 질서가 아니지요. 그런데 사람은 어리석어서, 또 자신을 늘 상처와 해를 입는 피해자 입장에 두고 타인을 늘 가해자로 단정을 지어 생각하는 악마성이 있지요.

물론 실제적인 가해자가 그에 합당한 처벌과 판단을 받아야 한다는 점은 분명합니다. 제가 하고 싶은 이야기는 간혹 우리 내면에 있는 악한 성질이 피해를 가해로 바꾸는 현상이 있지 않은지 깊숙이 바라봐야 한다는 것입니다.

내 눈 속에 들보

「창세기」에 나오는 카인과 아벨 이야기를 들어보셨을 겁니다. 카인이 자신의 동생인 아벨을 죽입니다. 그걸 알게 된 신이 카인에게 말합니다. 넌 더 이상 이 땅에서 살지 못하니 이 땅을 떠나서 다른 곳으로 가라고. 그러자 카인이 신에게 호소합니다. 다른 곳에 가면 그곳 사람들이 자신을 죽일 것 같아 몹시 두렵다고요. 신은 카인에게 이렇게 말합니다. 누구든지 카인을 해한 사람은 일곱 배의 벌을 받을 것이라고. 카인이 비록 범죄자이고, 그가 이방인이라 하더라도 아무런 이유 없이 카인을 해칠 권한은 누구에게도 없다는 뜻이지요.

카인은 그가 살던 곳을 떠나 여러 곳을 오가다가 죽었으나 그의 후손은 이어졌습니다. 카인의 후손 중에 라멕은 신이 지켜준 인권, 곧 이유 없이 약자를 괴롭히지 못하도록 하는 내용을 악용합니다. 「창세기」 4장 23~24절에 나오는 이야기입니다.

23. 라멕이 자기 아내들에게 말하였다. "아다와 씰라는 내 말을 들어라. 라멕의 아내들은, 내가 말할 때에 귀를 기울여라. 나에게 상처를 입힌 남자를 내가 죽였다. 나를 상하게 한 젊은 남자를 내가 죽였다. 24. 카인을 해친 벌이 일곱 갑절이면, 라멕을 해치는 벌은 일흔일곱 갑절이다."

약자의 인권을 보호하기 위한 신의 말을, 터무니없을 정도의 무자비한 보복의 말로 바꾸었습니다. 이렇게 악은 선을 악용하는 데에서 기인하는 듯도 합니다.

「마태복음서」 7장의 3~5절을 연이어 보겠습니다.

3. 왜 그대의 형제자매 눈 속에 있는 티는 보고, 그대의 눈 속에 있는 들보는 깨닫지 못합니까? 4. 어떻게 그대의 형제에게 "당신의 눈에서 티를 빼냅시다"라고 말할 수 있습니까? 보십시오! 그대의 눈에는 들보가 있습니다.

잘 알려진 이야기입니다. 그레코-로마 세계에서 여러 철학자와 사상가의 주장과도 다르지 않습니다. 유대인의 이런 격언도 있고요. '심판하기 전에 자신을 돌아보라. 샅샅이 스스로 돌이키는 시간에 용서할 이유를 발견할 것이다.' 그렇습니다. 우리가 스스로 샅샅이 돌아보고 나서 가해자에게 선고를 내리는 것이 옳을 듯합니다. 정의를 희석하자는 게 아닙니다. 이 세상을 살아갈 때 나와 네가 동시에 살아갈 수 있는 삶의 공간을 확보하자는 이야기입니다. 세네카는 이렇게 이야기합니다. '다른 사람의 잘못을 분별하고 자기 자신의 것은 잊어버리는 것은 바보들의 특징이다.' 또 다른 표현도 있는데요, '네가 너의 잘못을 볼 때 너의 눈에는 눈곱이 잔뜩 끼고 진흙을 잔뜩 바른 채로 있더니, 왜 너의 친구의 잘못을 볼 때 너의 눈은 독수리처럼 날카로운가.'

5. 이 위선자! 먼저 당신의 눈에서 들보를 빼내시오. 그 후에야 잘 보아서

그대의 형제자매 눈에서 티를 빼낼 것입니다.

내 눈에 들보가 있음을 알고, 그것을 먼저 빼낼 자세가 없으면 또 남의 눈에는 들보가 아닌 티가 있음을 인정하고 자신을 먼저 돌아보는 자세가 없으면 위선자가 된다는 일갈입니다. 이것은 정의를 외면하거나 위법을 덮어주자는 것이 아니지요. 용서를 남발하자는 것도 아닙니다. 나와 네가 모두 위선의 틀에서 벗어나 사는 길, 그래서 서로의 삶을 존중하고 아끼는 길이지요.

공동체의 윤리

이제 이야기는 공동체의 윤리로 이어집니다. 18장입니다.

15. "만약 그대의 형제가 그대에게 죄를 짓거든 가서 그대와 그, 둘만이 있을 때 그에게 충고하십시오. 만약 그가 그대의 말을 들으면 그대의 형제를 얻은 것입니다. 16. 만약 말을 듣지 않으면 그대와 한 명 혹은 두 명을 함께 데리고 가서, 그가 하는 모든 말을 두세 증인의 입을 통해 확증하게 하십시오."

이 이야기는 우정의 공동체를 전제로 합니다. 계약관계에서 처벌받아야 마땅한 형법상 또는 민법상 죄를 지은 사람을 봐주자는 이야기가 아닙니다. 아마도 15절에서 '죄를 짓거든'이라는 말은, 뒤에서 험담을 심하게 했다든가 악의적으로 비난했다든가 하는 등의 행위를 가리킬 가능성이 큽니다. 사회적 평판을 깎아내리는 행위 말이지요. 그러거든 '둘만 있을 때 충고하십시오'라고 예수는 가르칩니다. 이것은 사실 용기도 필요한 일일 텐데, 잘못한 사람을 대하는 윤리의 첫 단계는 아주 담백하게 사실 그대로를 이야기하는 겁니다. "내가 이런 이야기를 들었는데 사실인가요? 난 그것은 잘못이라고 생각해요." 이렇게 상대방에게 말해주고 해결하는 방향을 취해야지 속으로 그 사람을 미워하거나 저주하고 있지 말라는 이야기이지요.

16절의 뜻은 이렇습니다. 당시에 법정에서 증인의 효력이 있으려면 한 사람으로는 안 되고 꼭 두 사람 이상이어야 합니다. 둘 이상이 한 사건에 대해 같은 증언을 할 때 비로소 그 증언이 성립됩니다.

17. "그들의 말도 듣기를 거절하면 교회에 말하십시오. 만약 교회의 말도 듣지 않으면 그 사람은 그대에게 이방인이나 세리와 같은 사람이 됩니다."

그 사람은 왜 받아들이지 않을까요? 여러 이유를 추측해볼 수 있겠지요. 자존심이 상했다든가 생각의 차이, 가치관의 차이가 있다든가. 그런데 나뿐 아니라 다른 사람들도 잘못한 것이라고 이야기하니 가치관 차이는 아닙니다. 한마디로 완고한 겁니다. 자신의 잘못을 인정하고 사과하지 않는 것이지요. 그럼 이제 공식 절차를 밟습니다. 우정의 공동체에서 공식적인 조직, 곧 교회의 권위자들한테 가서 말합니다. 교회의 말도 듣지 않으면? 그러면 그는 '그대에게 이방인이나 세리와 같은 사람이 됩니다.' 이 문장은 잘 살펴볼 필요가 있습니다.

돌이킬 공간을 줄 것

여러분이 지금 우리말 성경을 함께 펴놓고 계신다면 앞의 17절에서 좀 다른 부분이 눈에 띌 텐데, 바로 '그대에게'라는 문구입니다. 헬라어 원문에는 분명히 있는 이 문구를 우리말 성경에서는 지금까지 번역하지 않았습니다.

여기서 '그대'는 단수입니다. 그러니까 내가 충고한 그 사람이 내 말을 듣지 않고 다른 사람들의 말도, 교회의 말까지도 듣지 않는다면, 그 사람은 '나에게' 세리와 이방인, 곧 나와 별 상관없는 사람이 된다는 말입니다. 우정의 공동체는 생사고락을 함께합니다. 상대방이 잘되기를 기원하지요. 그러나 세리와 이방인과 같이 공동체 밖에 있는 이들에게는 굳이 그렇게 하지 않습니다. '그대에게' 잘못을 범한 사람이 돌이키기를 한사코 거절한다면 '그대'는 그 사람을 공동체에 속한 사람으로 품지 않아도 된다는 말입니다.

상황을 그려봅시다. 공동체가 있는데 그중 한 사람이 나한테 가해를 했습니다. 그런 뒤 여러 차례에 걸쳐 그 사람이 잘못했음이 확인되었어요. 그래도 그가 돌이키지 않으면 나는 어떤 마음을 품게 될까요? 보통은 우리 공동체에 속한 모든 사람이 그를 '세리와 이방인'처럼 대하기를 원합니다. 공동체에서 추방시키길 바라지요. 그러지 않으면 내가 나가겠다고 하거나.

그런데 예수는 말하기를, '그대에게는' 그렇게 되는 걸 이해한다고 합니다. 그러나 그 사람을 공동체에서 쫓아내는 것은 또 다른 문제라는 뜻입니다.

저는 처음에 이 부분이 마음에 안 들었습니다. 아니, 그렇게 뻔뻔하고 완고한 사람을 놔두고 어떻게 봐? 그런데 생각이 조금 바뀌기 시작했는데 왜 바뀌기 시작했느냐 하면, 저 역시 알게 모르게 (넓은 의미의) 가해자로 살고 있더라고요. 아마 대부분 그렇지 않을까 합니다. 나 역시 잘못과 실수, 어리석은 일을 한 번 이상은 저지르고 살지 않습니까. 그럴 때 공동체에 속한 모든 사람이 나를 이른바 외부자로, 타자로 취급하면 나의 삶은 어떻게 될까요? 완전히 삭제되고 돌이킬 공간이 없겠지요. 제가 최근에 이와 관련한 멋진 말을 접했습니다. "그 사람의 죄를 그치게 해야지, 그 사람의 삶을 그치게 해서는 안 된다." 지금 인터넷상에서 온갖 말로 어떤 사람 자체를 삭제하려 드는 우리의 가학성을 되돌아보게 해주는 격언 같습니다.

그 사람이 돌이킬 수 있는 공간, 여지를 주는 게 정말 중요합니다. 이것이 바로 측은지심의 또 다른 기둥입니다. 첫 번째 기둥은 스스로를 돌아보는 것, 자기성찰입니다. 다른 사람 위에 군림하려고 하는 게 아니라요. 두 번째 기둥은 나에게 해를 끼친 사람에게 돌이킬 수 있는 공간을 만들어주라는 것입니다.

마지막으로 세 번째 기둥을 보겠습니다. 「마태복음서」 18장에 있는 이야기입니다.

인과응보의 사슬

「마태복음서」 18장은 처음부터 끝까지 용서에 관한 이야기입니다. 이때 용서란 내 마음을 미루어보는 것입니다. 나와 그 사람의 처지를 바꿔놓고, 면밀하고 찬찬히 우리 내면을 돌아보면서 삶을 챙기고자 하는 것입니다.

> 23. 하늘나라는 자기 종들과 셈을 하려는 왕에게 일어난 일과 같습니다. 24. 셈을 시작하자 만 달란트를 빚진 사람이 왕에게 끌려왔습니다. 25. 그러나 그는 빚을 갚을 것이 없었지요. 주인은 그 종과 부인과 자녀들과 그가 가진 모든 것을 팔아서 빚을 갚으라고 명령했습니다.

여기서 왕의 종은 어떤 지역을 다스리는 신하라고 보면 됩니다. 만 달란트는 얼마 정도일까요? 달란트는 무게 단위이자 화폐 단위입니다.

예전에는 귀금속을 돈으로 사용했기 때문에 무게 단위가 곧 돈의 단위였습니다. 1만 달란트는 6,000데나리온인데, 한 데나리온은 지난 강의에서 봤듯이 노동자의 하루 품삯입니다. 그러니 1데나리온을 예컨대 10만 원이라고 합시다. 그러면 6,000데나리온, 즉 1달란트는 6억 원이 됩니다. 따라서 1만 달란트는 6조 원이 되겠지요. 아마 통치 지역의 세금을 제대로 걷지 못한 것일까요? 여하튼 그만큼 큰 빚을 진 사람이 끌려왔다는 이야기입니다.

왕은 그 종 자신과 부인과 자녀들과 그가 가진 모든 것을 팔아서 빚을 갚으라고 명령했습니다. 냉혹한 계산의 세계이지요. 이야기는 이렇게 진행됩니다.

26. 그러자 그 종이 엎드려 주인에게 절하면서 말했습니다. "제 처지를 살펴주십시오. 제가 다 갚겠습니다." 27. 종의 주인은 불쌍히 여기는 마음이 들어 그를 풀어주고 빚을 탕감해주었습니다.

"제 처지를 살펴주십시오." 참 간절한 말입니다. 얼마나 간절했겠습니까. 철저한 계산의 세계에서, 소수점 몇 자리까지 세서 거래하는 세상에서 이 사람은 그렇지 않은 것을 요청하고 있습니다. 이 연쇄 사슬로 처벌받지 않는 다른 삶을 가능하게 해달라고 종은 요청합니다. 그러자 주인은 불쌍히 여기는 마음, 측은지심이 들었습니다. 이 부분이 무척 감동적입니다. 주인은 측은지심으로 그 사슬을 끊어주었습니다. 누군가의 측은지심은 그 마음을 받는 사람에게 구원의 소식이지요. 이제 다음 장면입니다.

28. 그 종이 거기를 나가다가 동료 종을 발견했습니다. 그는 그 종에게 일백 데나리온을 빚지고 있었는데, 그 종은 동료 종의 멱살을 잡고 말했습니다. "빚 갚아라." 29. 그러자 동료 종이 엎드려 간청했습니다. "내 처지를 봐주게. 내가 갚을게." 30. 그러나 그는 그렇게 하고 싶지 않았고, 가서 동료 종이 빚을 갚을 때까지 감옥에 넣었습니다.

동료 종이 그에게 100데나리온, 곧 1,000만 원 정도 빚지고 있었는데, 간청을 했음에도 그 동료를 감옥에 넣어버립니다. 조금 전까지 냉혹한 계산의 세계에서 비참한 상황에 놓였던 사람이, 주인의 측은지심으로 그 사슬에서 벗어나 측은지심의 세계로 들어왔지 않습니까? 그런데 측은지심의 세계에 살게 된 그 종은 자신이 은혜를 입은 그 세계를 갑자기 벗어나버립니다. 그러고는 자신과 마찬가지로 간절하게 측은지심을 요청하는 동료에게 계산의 세계에 사는 사람처럼, 측은지심의 은혜를 한 번도 받지 않은 사람처럼 행동합니다. 주인으로부터 받은 측은지심으로 그 세계를 확장하는 대신, 주인의 측은지심이 잘못되고 어리석은 것처럼 만들어버린 것이지요. 그 종의 행동은 주인이 무능하고 어리석고 약해빠진 주인이라고 선언하는 것 같지 않습니까?

어떤 세상에 살고 싶은가

31. 그 종의 동료 종들이 일어난 일을 보고 몹시 화가 나서 일어난 모든 일을 자기 주인에게 가서 자세히 일렀습니다. 32. 그러자 그 종의 주인이 그를 불러서 말했습니다. "악한 종이구나! 네가 내게 간청하기에 너의 모든 빚을 탕감해주었다. 33. 내가 너를 불쌍히 여겼듯이 너도 네 동료 종을 불쌍히 여겨야 하는 것 아니냐?"

'악한 종'은 주인이 새로 베풀어놓은 측은지심의 세계를 다시 '눈에는 눈'의 세계로 돌렸습니다. 동료 종이 갇힌 감옥은 오늘날과 같은 감옥이 아닙니다. 구덩이를 파고 그 속에 사람을 넣는 것이지요. 결국 주인은 이 은혜의 세상, 측은지심의 세상에서 1만 달란트의 빚을 탕감 받은 사람을 다시 '눈에는 눈의 세상'으로 되돌려놓습니다.

34. 종의 주인은 진노하여 빚을 다 갚을 때까지 그를 고문하도록 형리에게 넘겨주었습니다. 35. 만약 여러분이 마음으로부터 각자 자기 형제를 용서하지 않는다면 하늘에 계신 나의 아버지도 여러분에게 이와 같이 하실 것입니다.

주인은 그를 고문하도록 형리에게 넘겨주었습니다. 이것은 앞서 말한 라멕의 세상, 비판받는 대로 비판하는 세상으로 되돌린 것입니다.

그러고서 예수가 말합니다. 여러분이 용서하지 않는다면, 곧 측은지심을 품지 않고 다른 사람의 삶의 가능성을 열어주는 마음을 품지 않는다면 "하늘에 계신 나의 아버지"도 여러분에게 그렇게 할 것이라고.

이 이야기를 통해서 예수가 전하고자 한 메시지는 무엇일까요? 한마디로 하면 측은지심이지만 그것을 구성하는 건 지금까지 보았듯 세 가지입니다. 첫째, 다른 사람 삶에 심판자처럼 굴지 말라. 둘째, 절차를 통해 가해자에게 돌이킬 수 있는 공간을 주어라. 마지막으로는 자기가 살고 싶은 세상을 다른 이도 살게 하고, 더불어 살 기회를 다른 이에게도 주어라. 만약 자신이 '눈에는 눈, 이에는 이'의 세상에서 살고 싶다면 그렇게 살고 그런 처벌을 기꺼이 감수해야겠으나, 그런 세상에 살고 싶지 않다면 다른 사람에게도 기회를 줄 수 있어야 한다. 그래야 신의 질서가 이 땅에서도 이루어지는 세상이 될 것이다.

우리 스스로를 한번 돌아봅시다. 나는 측은지심의 세상에서 살기를 원하지만, 남들은 라멕의 세상에 사는 것처럼 대하지 않았나 말이지요. 나는 불쌍히 여김을 받고 싶어 하면서 다른 사람에 대해서는 늘 가혹한 심판자처럼 살지 않았는지, 생각해보는 시간이 되었기를 바랍니다.

제8강

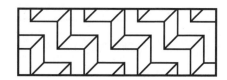

전복적 상상력

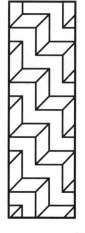

새로운 세계를 향하여

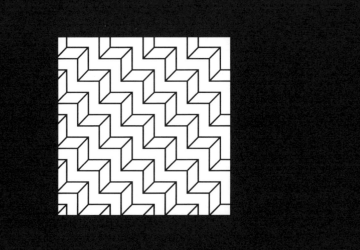

오늘 이야기는 흔히 알려진 소설 구성으로 치면 '위기'에 해당합니다. 어떤 의미에서 위기인지, 예수가 살던 당시 팔레스타인의 지도를 보며 풀어가겠습니다. 예수가 탄생한 곳은 유대 지역 베들레헴이고, 그는 유대 왕 헤롯의 학살을 피해서 이집트로 피난갔다가 헤롯이 죽은 후 갈릴리 나사렛에 가서 살았습니다. 예수의 주 활동 지역은 갈릴리 호수 주변 도시였지요. 그곳에서 활동하다가 예루살렘으로 가는 내용이 「마태복음서」 21장부터 펼쳐지고, 예루살렘에 입성하면서 이야기 구성상 '위기' 단계에 들어갑니다.

예수가 활동하던 당시 유대 지역의 땅 크기는 우리나라의 강원도 면적과 비슷하다고 합니다. 우리가 보통 팔레스타인에 사는 사람들을 모두 유대인으로 생각하지만, 예수 시대에 그들은 그렇게 생각하지 않았습니다.

지도에서 '유대 지역'에 사는 사람들은 유대인으로 알려졌습니다.

예수 활동 당시 유대 지역

유대 지역 위쪽의 사마리아 지역 사람들은 비유대인이 보기에는 유대
인하고 크게 다를 게 없지만, 유대인과 사마리아인은 서로를 확실히 구
분했고, 나아가 증오했습니다. 유대 지역의 유대인은 갈릴리 지역 사
람을 '유대인'이라고 부르기보다는 '갈릴리인'이라고 하였지요. 서로가
유대인, 사마리아인, 갈릴리인 이렇게 나눠서 칭했고, 이들은 서로 호
의적이지 않았습니다.

　예수는 갈릴리 사람으로, 갈릴리의 유대 문화 속에 살았습니다. 유
대인은 갈릴리를 '이방인들의 땅'이라고 불렀습니다. 유대인이기는 하
지만 자신들과는 다르다고 봤지요. 조선 시대로 말하면 만주 지역에 사
는 조선인 정도일까요. 유대 지역에 사는 유대인은 자신들이 유대의 중
심이라고 자부했지요. 사마리아인은 그리심산(모세가 율법을 낭독하고 하나

님의 축복을 선포한 성산)이라는 곳을 거룩하게 여겨 제사를 지냈는데 유대인이 그곳을 파괴하였기에 사마리아인은 유대인을 증오했고, 유대인은 거짓된 장소에서 제사를 지낸 사마리아인을 혐오했지요.

동시대인들은 예수가 갱신 운동을 하고 있다고 보았을 것입니다. 그는 경제적으로 핍절하고, 정치적으로 천시와 억압을 받고, 종교적으로 천시받는 이들을 돌보며 신의 뜻을 펼쳐나가는 예언자나 랍비로 이해되었을 수도 있지요. 지배자들이 볼 때는 선동가이자 혁명을 일으키려는 망상가이었겠지만요. 예수의 기적과 도발적인 가르침, 그리고 급진적인 선포는 갈릴리 지역에서는 민중에게 환영을 받았지만, 그 소문이 예루살렘까지 확연히 퍼진 것은 아니었습니다. 갈릴리 출신의 예언자를 예루살렘이 반길 리 없는데 예수는 갈릴리에 머물지 않고 예루살렘으로 갑니다. 왜 갔을까요? 자신의 본거지인 갈릴리에 머물면 안 되었을까요? 유대교의 중심지인 예루살렘으로 들어가면 그곳에서는 유대 권력층과 직접 대면할 수밖에 없는데 말이지요. 그러나 예수는 예루살렘과 그 도시에게 거룩하다는 평판을 안겨준 예루살렘 성전에서 신의 뜻을 펼쳐야 했습니다. 그것이 비록 지배자들과 정면 대결을 불러온다 해도 말입니다. 예수는 아마 그곳으로 진격한다고 생각했을 것입니다. 진격은 21장 8절부터 전개됩니다.

성전을 뒤엎다

8. 많은 무리가 길 위에 자기 겉옷을 깔았고, 다른 사람들은 나뭇가지를 꺾어서 길에 깔았다. 9. 앞서가는 무리와 뒤따르는 무리가 크게 소리쳤다. '다윗의 자손에게 호산나! 주님의 이름으로 오시는 분에게 복 있어라! 가장 높은 곳에서 호산나!'

갈릴리에서 출발한 예수가 예루살렘으로 들어가기 직전의 상황으로, 이때는 유대교인의 최대 명절인 유월절입니다. 아무 때가 아닌 명절에 맞춰서 갔던 겁니다. 유월절은 유대인에게 해방절입니다. 이집트에 매여 있던 히브리인이 기원전 13세기경 그곳을 탈출했는데, 이를 기념하는 명절이 유월절입니다. 유대인은 이 시기에 예루살렘으로 가서 성전에서 제사 드리는 것을 영광과 기쁨으로 알았습니다. 유월절을 맞아 예루살렘과 성전을 찾는 유대인은 순례자인데, 그들은 그곳으로 올라갈 때 앞에 있는 사람이 노래를 부르면 뒤에 있는 사람이 따라 부르면서 가는 명절 순례의 풍습을 따랐습니다.

순례길 도중에 무리가 크게 외칩니다. "다윗의 자손에게 호산나!" 호산나는 '우리를 구원해주소서'라는 뜻입니다. 『구약』의 「시편」에 있는 구절로, 예수의 일행이 그 구절을 노래하며 예루살렘 성전으로 향했다고 「마태복음서」는 전해줍니다.

10. 예수께서 예루살렘에 들어가시니 온 도시가 "이분이 도대체 누구신 가?" 하며 술렁거렸다. 11. 무리는 "이분은 갈릴리 나사렛의 출신 예수라는 예언자다"라고 말했다.

예수라는 이름은 오늘날의 현지 발음으로 하면 요슈아, 조슈아, 여슈아 등으로 부를 수 있을 텐데 평범한 이름에 속합니다. 그러니 그를 특정하기 위해서는 지역을 더불어 알려야 했지요. 설핏 그의 이름을 들어본 사람도 있을 테지만, 오늘날과 같이 소식이 빨리 전해지는 시기가 아니니 예수는 알 사람만 아는 정도였을 것입니다. 그는 예루살렘에 들어서자마자 유대교의 핵심 상징인 성전으로 갑니다. 성전은 국회, 대법원, 정부를 합친 것과 같은 권위와 상징을 띠고 있습니다. 또 은행과 같이 돈이나 귀금속 등의 보물을 맡아두기도 했던 곳이지요.

예루살렘의 고고학 박물관에 가면 모형으로 복원한 헤롯 왕의 성전을 볼 수 있습니다. 모형에는 주요 건물뿐 아니라 사각형으로 둘러싼 담장도 있는데, 사실 이 담장 바깥까지 모두 성전의 터입니다. 그런데 이방인과 비유대인은 담장 안 공간으로 들어갈 수 없습니다. 담장 안에는 유대인 남자만 들어갈 수 있고, 그중에서도 입구에서 가장 안쪽, 즉 가장 큰 건물이 자리한 공간에는 제사장만 들어갈 수 있습니다. 가장 큰 건물은 '가장 거룩하고 성스러운 곳'이라는 뜻에서 지성소(至聖所)라고 부릅니다. 지성소에는 대제사장이 일 년에 딱 한 번 들어가 죄의 용서를 청하는 제사를 지냅니다.

예수는 지성소는 물론이고 지성소 건물의 입구에도 가지 못했을 것입니다. 아마 바깥쪽 뜰에 있었을 텐데, 그는 감히 상상할 수 없는 일을 감행합니다.

12. 예수께서 성전에 들어가셔서 성전에서 팔고 사는 사람들을 모두 내쫓으시고 돈 바꾸는 사람들의 상과 비둘기를 파는 사람들의 의자를 뒤엎으셨다. 13. 그리고 그들에게 말씀하셨다. "내 집은 기도하는 집이라고 불릴 것이라고 기록되어 있는데, 당신들은 성전을 강도들의 소굴로 만들었소." 14. 성전에 있던 시각장애인과 지체장애인이 예수께 나아왔고 예수께서는 그들을 고쳐주셨다.

여기서 돈 바꾸는 사람들과 비둘기를 파는 사람들이 그곳에서 장사를 하는 까닭은 성전에 바칠 헌금과 제물을 위해서입니다. 성전에는 아무 돈이나 헌금할 수 없기에, 자신이 가지고 온 돈을 성전에 바칠 수 있는 돈으로 환전해야 했습니다. 다른 돈은 다 부정해서 신이 안 받는다고 여겼기 때문입니다. 제물로 바치는 동물 역시 깨끗하고 건강한 걸 바쳐야 하는데 멀리서부터 끌고 오면 흠이 생길 가능성이 크니 성전 담장 밖 뜰에서 동물을 팔고 삽니다. 한마디로 제사의 편의를 위해 있는 사람들에게 직접 가서 예수가 그 판을 뒤집어엎었다는 말입니다.

왜 그랬을까요? 성전에서 상행위를 하지 말라는 뜻일까요? 그것보다는 성전의 가장 본질적 기능인 제사를 중지시킨 것입니다. 법원에서 재판을 못 내리게 한 행위이자 국회에서 입법을, 행정부에서 행정 일을 못 하게 한 상징적 행동입니다. 앞서 예수의 기적을 퍼포먼스라고 했는데 이 역시 퍼포먼스입니다. 성전의 기능을 멈추게 하면서 예수는 말합니다. '내 집은 기도하는 집인데 당신들은 성전을 강도들의 소굴로 만들었다.' 성전은 기도하는 곳, 신과 인간이 만나는 곳인데, 현재의 성전 체제는 신과 인간의 만남이 도리어 불가능하도록, 신의 이름으로 인간을 억압하는 곳이 되고 말았다는 뜻입니다. 그러고는 그 자리에 있던 시각장애인과 지체장애인을 고쳐줍니다. 불의한 성전은 아무 일도 하지 못하고 대신 예수가 그 일을 한 것입니다. 성전 제의의 중단 및 기적 퍼포먼스를 통해 불의한 성전을 고발하며, 참된 신의 능력이 자신과 함께한다는 것을 보여주는 것이지요. 대제사장과 율법 학자들의 입장에서는 자신들의 권력 기반을 완전히 와해시키는 행위이겠지요.

기복 아닌 혁명

15. 대제사장과 율법 학자들이 예수께서 행하신 놀라운 일과 성전에서 "다윗의 자손에게 호산나!"라고 소리치며 말하는 아이들을 보고 화가 치밀었다. 16. 그래서 예수에게 말했다. "당신, 이 사람들이 뭐라고 말하는지 듣고는 있소?" 예수께서 그들에게 대답하셨다. "그렇소. 당신들은 '어린아이와 젖먹이들의 입에 찬양이 준비되었다'라는 말씀을 읽어보지 못했

소?" 17. 그러고는 그들을 뒤로한 채 떠나 베다니로 들어가서 그곳에서 밤을 지내셨다.

18. 이른 아침 예루살렘으로 돌아갈 때 예수께서 허기를 느끼셨다. 19. 길에 무화과나무 한 그루를 보고 거기로 가셨다. 그러나 잎만 있을 뿐 열매가 없는 것을 발견하고는 "이제부터 영원히 너는 열매를 맺지 못할 것이다"라고 말씀하셨다. 그러자 그 무화과나무가 이내 말라버렸다. 20. 제자들이 이것을 보고 놀라서 말했다. "무화과나무가 어찌 빨리 말라버립니까?"

예수가 하룻밤을 지낸 베다니에서 예루살렘까지는 걸어서 한 시간도 채 안 걸리는 거리입니다. 예루살렘으로 다시 들어가는 길에 불가사의한 일이 벌어집니다. 예수가 무화과나무를 보고 열매를 맺지 못할 것이라고 말하자 나무가 그 자리에서 말라버리지요. 이 역시 상징적인 기적 퍼포먼스입니다. 무화과나무는 예루살렘 성전을 상징합니다. 봄에 한 번, 여름에 한 번 열매를 맺는 무화과나무는 열매와 잎이 같이 납니다. 잎이 무성하면 열매가 있다고 여기겠지요. 봄에 나는 열매보다 여름에 나는 것이 더 품질이 좋고 먹을 만합니다. 그럼에도 봄에 나는 것을 따먹는 사람이 있는데 그들은 당연히 가난하고 배고픈 사람들입니다. 예루살렘 성전 체제는 화려하고 장엄하여 그와 어울리는 열매가 있을 법하지만, 잎만 무성할 뿐 정작 핍절한 민중에게 아무것도 주지 못한다는 뜻입니다. 예수가 잎만 무성한 무화과나무를 저주한 것은 성전 체제의 종말을 상징합니다. 이렇게 당시 유대교의 종말을 예언자적 행위로 말하고 있습니다.

21. 예수께서 그들에게 대답하셨다. "내가 진심으로 여러분에게 말합니다. 만약 여러분이 믿고 의심하지 않으면 무화과나무에 일어났던 일을 할 뿐만 아니라 이 산에게 '들려서 바다에 빠져라'라고 말한다 해도 그대로 될 겁니다. 22. 여러분이 믿으면서 기도로 구하는 모든 것을 받을 겁니다."

여기서 산은 예루살렘 산입니다. 예루살렘은 고도가 높은 산 위에 있어요. 그러니 예수의 말은 예루살렘 성전이라는 기존 상징체계가 모두 무너진다는 것을 믿고 새로운 삶의 질서를 구축하자는 이야기입니다.

'여러분이 믿으면서 기도로 구하는 모든 것을 받을 것입니다'라는 구절만 떼어놓고 보면 기독교는 기복 종교입니다. 그러나 앞뒤 맥락을 살피면 혁명의 종교입니다. 이 말의 뜻은 '거짓된 질서와 사람을 억압하는 체제, 잎만 무성하지 실제로 핍절한 사람들을 구원하지 못하는 체제는 금방 무너질 것이다. 그 점을 믿고 신에게 나아가는 사람은 그가 구하는 것, 곧 새로운 삶의 질서가 달성된다'는 것이지요.

성서와 같은 고전은 권위가 있기 때문에 종종 사람들은 자기가 하고 싶은 말을 하기 위해 문맥의 앞뒤를 자르고 한 문장을 '악용'하는 경우가 많습니다. 22절도 그렇게 피해를 본 문장입니다. 기복적 신앙과 미신적 축복을 구하는 구절로 오해받았지만, 정작 문맥을 읽으면 매우 혁명적인 희망을 고취하는 말씀이라고 할 수 있습니다.

납세 논쟁

예수가 유대 지배 체제의 핵심 상징인 예루살렘과 성전을 흔들자, 그 상징 덕에 유대 사회를 지배하고 있던 계층이 나서 예수를 좌절시키려고 노력합니다. 그것이 예루살렘에서 벌였던 예수와 다른 지도자들 사이의 논쟁입니다.

　다음 사진을 한번 볼까요. 이 주화는 황제의 얼굴이 새겨진 은전입니다. 은으로 만든 이 은화는 예수 활동 당시 주화로, 지난번에 다루었던 한 데나리온입니다. 노동자의 하루 품삯이지요. 앞면에는 카이사르라는 단어가 새겨 있고 뒷면을 보면 오른쪽에는 제사장을 뜻하는 단어가, 왼쪽에는 막시무스라는 말이 새겨져 있습니다. 막시무스는 크다는 뜻이에요. 앞면의 인물은 로마 황제 티베리우스로, 로마의 대제사장을 겸했습니다. 옥타비아누스 이전에 율리우스 카이사르가 로마에 진출할 때 최초로 얻은 공식적인 직위가 로마 시의 대제사장이었습니다. 당시에 정치와 종교는 분리되지 않았습니다. 사실 지금도 크게 다르지 않지요. 각국의 정치 지도자들을 보면 종교하고 긴밀하게 연결되어 있음을 알 수 있습니다. 심지어 자신은 종교와 아무 상관없다는 주장도 종교와 정치 관계에 특정한 입장을 취하고 있는 셈입니다.

로마 황제 주화. 로마 황제 티베
리우스의 초상과 전면상이 있는
데나리온, 곧 은화. 앞면에 아우
구스투스, 뒷면에 폰티펙스 막시
무스(Pontifexmaximus, 고대
로마의 대제사장)가 새겨짐.

이러한 배경 지식을 갖고 우리가 이전 강의에서 배운 바리새인과
예수가 벌인 논쟁을 봅시다.

15. 그때 바리새인들이 밖으로 나가 예수를 논쟁으로 옭아맬 방법을 의
논했다. 16. 그리고는 자기 제자들을 헤롯 당원 사람들과 함께 보내 이렇
게 말하게 했다. "선생님, 우리는 선생님이 진실한 분이시고 하나님의 도
를 진실하게 가르치고 있다는 것을 압니다. 선생님은 누구에게도 구애받
지 않으시고 사람의 지위 고하를 보지 않으시지요. 17. 우리에게 선생님
의 생각을 말씀해주셨으면 합니다. 황제에게 납세하는 것이 옳습니까, 옳
지 않습니까?"

예수가 상징 질서에 도전하자 그 질서에 뿌리를 두고 있던 바리새
인이 논쟁으로 예수를 옭아맬 방법을 찾습니다. 바리새인은 기본적으
로 이방 제국의 손아귀에서 벗어나야 한다는 주장을 한 집단이고, 율법
준수를 통한 개혁의 길을 택한 사람들입니다. 바리새파의 지도자들이

자기 제자들을 헤롯 당원과 더불어 예수에게 보냅니다. 헤롯 당원은 로마 지배 체제에 완전히 부역한 사람입니다. 집권 세력이죠. 그들은 예수를 진실하다고 칭찬하면서 황제에게 납세하는 것이 옳은지 아닌지를 묻습니다.

이 물음은 가볍게 토론할 수 있는 문제가 아닙니다. 앞서도 보았듯이 납세는 세금을 받는 사람을 주인으로 인정한다는 뜻입니다. 거의 모든 유대인의 가슴 깊은 곳에는 황제에게 납세하고 싶지 않은 마음과 분노가 자리하고 있습니다. 그러나 납세하지 않으면 황제의 질서를 인정하지 않는 것이니 바로 반역죄가 되지요. 따라서 그들이 이렇게 물은 이유는 예수가 어떻게든 대답하지 못할 것을 예상해서입니다. 납세해야 한다고 답하면 많은 유대인의 생각과 반하는 것이고, 납세하지 말라고 하면 잡혀 들어가게 생겼으니까요. 그러자 예수는 이렇게 대답합니다.

18. 예수께서는 그들의 악의를 아셨다. "이 위선자들! 왜 나를 시험해보려고 하오?" 19. 납세할 때 내는 돈을 내게 보여주시오." 그들이 예수께 데나리온을 건넸다. 20. 예수께서 그들에게 말씀하셨다. "이 돈에 새겨진 얼굴과 글자가 누구의 것이오?" 21. 그들이 대답했다. "황제의 것입니다." 예수께서 그들에게 말씀하셨다. "황제의 것은 황제에게 주시오. 그러나 하나님의 것은 하나님께 드리시오." 22. 그들이 이 말씀을 듣고는 경탄하면서 예수를 그대로 두고 떠나갔다.

예수는 그야말로 멋지게 대답합니다. 일단 예수는 황제에게 내는, 곧 황제의 초상이 새겨진 주화를 갖고 있지 않습니다. 그렇다면 납세는 누구의 문제입니까? 돈을 갖고 있는 그들의 문제이죠. 그것을 확실히 지적한 후 예수는 이렇게 말합니다. "황제의 것은 황제에게 주시오. 그러나 하나님의 것은 하나님께 드리시오." 여러분, 이 문장은 평서문으로 되어 있지만, 가만히 살피면 의문문입니다.

황제의 것은 황제에게 주라고 했으니, 로마인이 예수의 대답을 문제 삼을 수 없었겠지요. 거기까지만 말하면 유대인들은 예수가 문제의 본질을 비켜갔을 거라고 생각했을지 모릅니다. 그런데 예수는 이에 덧붙여 신의 것은 신에게 드리라고 합니다. 황제의 초상이 있는 주화가 황제의 것임은 분명합니다만, 도대체 신의 것은 무엇일까요? 예수의 대답을 듣는 사람들은 모두 신에게 드려야 할 신의 것은 무엇인지를 스스로 묻지 않을 수 없습니다. 스스로 묻고 또 거기에 답해야 합니다.

'너에게 하나님의 것은 무엇인가.' 또는, 신의 존재를 믿지 않는 분들을 위해서는 이렇게 번역할 수 있겠습니다. '너에게 너의 삶을 바치고 얻어야 할 진리는 무엇인가. 네가 삶을 통해서 구현해야 할 가치는 무엇인가. 네가 희생하고서라도 이루어야 할 진리는 무엇인가.' 『구약』의 「창세기」에 보면 인간은 모두 신의 형상이라고 합니다. 모든 인간이 신의 초상이라는 뜻이지요. 그렇다면 신의 것은 인간 자체라고도 할 수 있을 겁니다. 여하튼 예수의 대답은 근원적인 질문이 되어 질문자에게 돌아갑니다.

부활 논쟁

이제 다음 논쟁으로 접어듭니다.

> 23. 같은 날 사두개인들이 예수께 와서 부활이 없다고 말하면서 그분에게 물었다. 24. "선생님, 모세는 '만약 누가 자식이 없이 죽으면 그의 형제가 죽은 형제의 아내와 혼인하여 형제의 대를 이어라'라고 하였습니다. 25. 우리가 아는 사람 중에 일곱 형제가 살고 있었습니다. 첫째가 혼인하고 자식 없이 죽었고 자기 아내를 동생에게 남겨두었습니다. 26. 둘째도 셋째도 그렇게 하였고, 일곱째까지 그렇게 하였습니다. 27. 마침내 그 여인도 죽었습니다. 28. 부활 때에 그 여인은 일곱 명 중 누구의 아내가 됩니까? 모두 그 여인을 차지했으니 말입니다."

사두개파는 제사장을 배출하는 사람들입니다. 성전에서 제사장은 권력자로 지배적 상징체계를 가장 잘 활용하는 사람들입니다. 사두개인은 사후세계를 믿지 않았지요. 주어진 현실이 전부라고 생각했습니다. 『히브리성서』 혹은 『구약성서』에서 사후세계 등에 관한 명시적 언급은 거의 없습니다. 특별히 사두개인은 '모세오경'이라고 부르는 「창세기」, 「출애굽기」, 「레위기」, 「민수기」, 「신명기」만을 경전으로 인정했는데, 그곳에서는 명확히 현실과는 다른 세상에 관한 이야기를 쉽게 찾을 수 없습니다. 동시대 유대인 대부분은 사후세계나 다른 세상에 관한 말을 많이 듣지 않았습니다. 현실이 전부인 사람에게, 또 그 현실에서 특정한 이익을 누리는 이들에게 주어진 현실은 모든 것이 가장 합리적으로 있는 상태입니다. 그러니 이 체제에서 가장 좋은 것을 얻으면 되는 것이죠. 한마디로 사두개인은 보수적인 사람들입니다. 그들에게는 지금 주어진 것이 전부입니다. 그런데 부활은 어떻습니까. 다른 세상을 이야기하는 것이지요.

모세는 만약 누가 자식이 없이 죽으면 그의 형제가 죽은 형제의 아내와 혼인하여 형제의 대를 이으라고 말했습니다. 이를 형사취수혼(兄死娶嫂婚)이라고 부릅니다. 형이 자식 없이 죽으면 대가 끊기는데 대가 끊기는 것은 그를 완전히 잊히게 하는 일이기 때문에 가능한 막아야 하는 일이었습니다. 그래서 그 동생이 형수와 결혼하는데, 그 사이에서 낳은 아이는 형의 아이로 대를 잇습니다. 이 이야기에서는 어떤 일곱 형제가 첫째부터 막내까지 형사취수혼을 했는데 전부 다 죽고 시집 간 여인 혼자 남았습니다. 그리고 결국 그 여인도 죽었습니다.

이어 28절에서 무시무시한 전제가 깔린 질문을 합니다. 부활 때에 그 여인은 일곱 명 중 누구의 아내가 되느냐고 말이지요. 이 사람들의 전제는 한마디로 다른 세상이라고 해도 지금 세상의 질서의 반복일 뿐이라는 것이지요. 그들은 무엇인가 근본적으로 달라진다는 것을 기대하지 않습니다. 여성은 다른 세상이 되어서도 누군가의 소유로 살아가는 질서가 바뀌지 않으리라는 이 생각, 정말 철벽과 같은 고정 관념입니다.

29. 예수께서 그들에게 대답하셨다. "여러분은 성경도 모르고 하나님의 능력도 모르니 잘못 헤매고 있습니다. 30. 부활 때에는 장가를 들지도 않고 시집을 가지도 않고 다만 하늘에 있는 천사들 같아집니다. 31. 죽은 사람들의 부활에 대해서 하나님이 여러분에게 하신 말씀을 읽어보지 못했습니까? 32. '나는 아브라함의 하나님, 이삭의 하나님, 야곱의 하나님이다.' 그분은 죽은 사람들의 하나님이 아니라 살아 있는 사람들의 하나님입니다." 33. 무리가 그 말씀을 듣고는 그분의 가르침에 탄복했다.

30절을 보면 참 재미있는 이야기를 합니다. '부활 때에는 장가도 안 가고 시집도 안 가고 다만 하늘에 있는 천사와 같아진다.' 천사를 믿지 않는 분들, 또 부활을 믿지 않는 분들을 위해 이 말을 번역해보겠습니다. "새로운 세상은 기존 세상의 상상력을 훨씬 뛰어넘지요. 기존 세상에서 여성은 누군가의 것이 되어야만 합니다. 그러나 새로운 세상에서는 여성이든 남성이든 누가 누구의 소유가 되는 일이 없습니다. 그 자체가 하나의 신과 마주하는 천사와 같은 존재가 될 뿐이지요."

사두개인은 전혀 다른 세상을 상상하지 못하거나 혹은 하지 않습니다. 그러나 예수는 그들의 상상력이 부족하다고 지적합니다. "성경도 모르고 하나님의 능력도 모르다니…… 그대들은 상상력도 부족하고 그 상상을 실현할 용기와 패기도 없군요." 이렇게 예수는 전복적이고 위험한, 그때까지 생각해보지 못한 전혀 다른 세상을 말합니다.

예수는 우리에게 이런 말을 건네고 있는 것이 아닌가 합니다. 지금의 질서가 우리의 삶과 사회에 전혀 유익하지 않다면 거대하게 도발적 상상을 하고 새로운 질서를 꿈꾸어라. 정교하게 상상하고 나아가서 그 것을 과감하게 실행할 능력과 용기를 또한 기획하라. 오늘날의 우리 역 시 자조적이고 패배주의에 싸여 쉽게 자문합니다. "실패하면 어떡하지? 어차피 바뀌는 것은 없는 것 아니야?" 이런 허무의 몸짓을 향해 예수는 권유합니다. 이 짧은 생애가 전부라고 여기지 말라고 말입니다.

이번 강의를 통해서 우리는 예수가 견고한 상징체계, 그러나 어떤 열매도 굶주린 이들에게 주지 못하는 옛 질서에 도전하고 전복적인 상 상력을 발휘해 새 세상을 그려주는 것을 보았습니다. 또한 그것을 추구 해나갈 때 한계나 죽음을 전혀 개의치 않고, 또 지혜로웠던 청년 예수, 젊은 예수의 모습을 발견할 수 있었습니다.

제9강

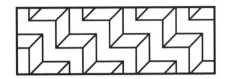

살해의 구조와 십자가형

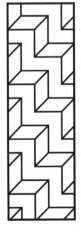

나도 예수를 죽인 자인가

드디어 「마태복음서」의 절정에 이르렀습니다. 이번 강의는 예수가 십자가형을 받는 이야기입니다. 드라마가 흥미로우려면 결말을 몰라야 할 텐데 예수가 십자가형을 받고 죽었다는 것은 다 아는 이야기입니다. 뻔한 결말이지요. 그런데 생각해보면 우리의 삶도 모두 죽음으로 마감되는 결론이 뻔한 드라마입니다. 이같이 결말이 정해진 삶을 어떻게 살고 누릴 것인가를 두고 우리는 이러저러한 고민과 토의를 많이 합니다. 이번 강의는 십자가에 오르게 된 예수가 우리에게 어떤 의미심장한 이야기를 전해주는지를 살피겠습니다.

십자가형

지난 8강에서 보았듯이 예수는 성전 체제에 정면으로 도전하고 헤롯 당원과 바리새인, 사두개인과의 논쟁을 통해 그들을 패배시켰습니다. 그러니 예루살렘의 권력자들로서는 도저히 이 사람을 그냥 놔둘 수 없었습니다. 특히 성전에서의 행동은 용납하지 못할 것이었지요. 그런 사람을 그냥 놔둔다면 자신들의 상징체계가 다 무너져버리는 셈이니까요. 예수도 당연히 자신에게 무슨 일이 닥칠지 알고 있습니다. 따라서 십자가형이 급작스러운 게 아닙니다. 예수는 자신의 길이 죽음과 잇닿아 있으리라고 추측할 수 있었을 것입니다. 26장을 보겠습니다.

1. 예수께서 이 모든 말씀을 마치시고는 제자들에게 말씀하셨다. 2. "여러분이 알다시피 이틀 후면 유월절이 됩니다. 사람의 아들이 넘겨져서 십자가형에 처할 것입니다." 3. 그때 대제사장들과 백성의 장로들이 가야바라고 불리는 대제사장의 저택에 모였다. 4. 그들은 속임수를 써서 예수를 체포하여 죽이려고 모의하면서 5. 말했다. "백성들 사이에 폭동이 일어나면 안 되니 명절 기간은 하지 맙시다."

왜 하필 십자가형이었을까요. 십자가형은 로마제국이 발명한 형벌은 아니고 로마의 동쪽 지역에서 이전부터 있었을 것으로 추정됩니다. 로마제국은 이 처형법을 받아들여 체제의 정치적 반역자들에게 시행했습니다. 잡범이나 살인자, 강도한테는 십자가형을 내리지 않았습니다. 로마 시민도 십자가형에 처하지 않았습니다. 대다수 조직적이고 폭력적으로 로마 지배 체제에 반대한 사람한테 내리는 형벌이었습니다. 가장 잔인하고 수치를 주는 형벌이기 때문입니다. 형벌 중에서 사람의 급소를 공격해 목숨을 즉각 끊어버리는 벌은 그래도 사형수를 배려하는 징벌입니다. 반면 십자가형은 매우 다릅니다. 생명을 유지하는 핵심 부위인 심장이나 목, 머리를 공격하지 않습니다. 사람을 한참 고문한 후에 손이나 발목에 못을 박아 십자가 틀에 매달면, 그 사람은 호흡곤란과 탈진에 시달리다 죽어갑니다. 십자가에 매달린 채 사나흘 동안 목숨이 붙어 있는 경우도 있습니다. 그만큼 서서히 죽게 되고 발가벗겨진 채로 죽어가는, 수치스러운 죽음입니다. 게다가 십자가형을 받은 시체는 수습할 기회도 주지 않았습니다. 매장 절차를 밟지 못하는 죽음만큼 고대 지중해 세계에서 걱정스러운 일 또한 없었지요. 요컨대 가장 큰 공포를 주는 죽음이자 형벌입니다.

3절을 보면 대제사장과 장로 들이 예수를 죽이기로 모의하며 말합니다. 백성 사이에 폭동이 일어나면 안 되니 명절 기간에는 하지 말자고. 유월절이 닥치기 전에 그를 처단해버리자는 말입니다. 이는 법적인 정식 절차를 거치지 않고 죽이겠다는 뜻입니다. 예수의 죽음은 이렇게 편법 혹은 불법, 무법의 상태에서 이루어졌습니다.

사건을 기억하는 법

이런 상황을 예측한 예수가 제자들에게 미리 알려주지만 제자들은 제대로 알아듣지 못합니다.

6. 예수께서 베다니의 나병 환자 시몬의 집에 머물고 계셨다. 7. 한 여인이

매우 비싼 향유를 담은 옥합을 가지고 예수께 다가와서 식탁에 앉으신 예수님의 머리에 부었다. 8. 제자들이 이것을 보고는 화가 치밀어서 말했다. "이렇게 낭비를 해도 되오? 9. 이것을 비싼 값에 팔아 가난한 사람들에게 줄 수 있는데!"

여기서 비싼 향유는 식물의 뿌리로 만든, 아주 향기로운 고가의 기름을 말합니다. 「마가복음서」를 보면 그 값이 노동자의 1년 품삯이라고 합니다. 그만큼 비싼 향유는 모아두었다가 혼수로 쓰거나 큰일이 생겼을 때 팔고는 했습니다.

유대인은 잔치를 벌일 때 가장 귀한 주빈의 머리에 향유를 부어주어 그 잔치의 절정으로 삼고는 했습니다. 예수가 있던 식탁에 한 여인이 나아와 예수의 머리에 향유를 부었고, 그 모습을 본 제자들이 화를 냅니다. 팔아서 가난한 사람에게 줄 수 있는 것을 왜 낭비하느냐고 하면서요. 우리가 지금까지 보아온 예수라면 어떻게 반응했겠습니까. "맞습니다. 가난한 사람한테 주시지요"라고 대답했을 듯합니다. 그런데 전혀 다른 반응을 보입니다.

10. 예수께서 이것을 아시고 그들에게 말씀하셨다. "왜 이 여인을 괴롭히오? 그가 내게 아름다운 일을 했어요. 11. 가난한 사람들은 늘 여러분과 함께이지만 나는 늘 여러분과 함께 있는 것이 아닙니다. 12. 이 여인이 내 몸에 이 향유를 부은 것은 내 장례를 준비하려는 것입니다. 13. 내가 진심으

로 여러분에게 말합니다. 온 세계에 이 복음이 선포되는 곳마다 그가 한 일 역시 전해져서 그를 기억하게 될 것입니다."

왜 그랬을까요? 죽기 전에 감각의 쾌락을 한번 누리려는 걸까요? 우리가 보고 겪는 사건·사고들 중에 한 사회를 전면적으로 되돌아보게 하는 것들이 있습니다. 단순한 사고가 아니라 시대를 드러내는 '사건'이 된 일들입니다. 예를 들면 세월호 사건을 보면 어떤 사람들은 그 일을 두고 그저 운 나쁜 교통사고였다는 식으로 말하지만, 우리 대부분은 그 사고를 '사건'으로 인식합니다. 그 '사건'은 우리 사회의 온갖 부조리와 문제점이 응축된, 그 결과 무고하고 가련한 생명들이 희생된 '사건'이라고 여깁니다. 이렇게 단순 사고가 아니라 사건으로 기억하는 일들이 있습니다. 우리 현대사를 보면 전태일이라는 노동자의 죽음은 당시 수많은 노동자의 목소리를 대변한 것으로, 어떤 한 사람의 자살이 아닌 '전태일 사망 사건'이라고 부를 수 있습니다. 또한 민주화를 외치는 시위가 많았지만 그중에서도 1980년 5월 광주에서 일어난 민주화 운동은 항쟁이자 크나큰 '사건'입니다.

그 사건을 우리가 어떤 방식으로 기리고 기억하나요? 낭비하며 기억합니다. 마음속에서만 기리는 것이 아니라 기념탑과 기념관을 세우고, 위령 공원을 조성하고, 표식을 달고 다니기도 합니다. 예산 낭비라고 말하는 사람도 있겠지요. 그렇지만 우리는 '사건'을 '낭비'하지 않고는 기억할 수 없습니다. 우리의 개인적인 일도 낭비를 통해 기억하려고 하지요. 이를테면 '우리 사귄 지 100일째' 같은, 개인적으로 소중한 날에도 무언가 낭비를 통해 기념합니다.

특별한 사건은 낭비를 통해 기억해야 합니다. 예수라는 사람이 십자가에 매달리는 것은 한 개인의 죽음이 아닙니다. 이전 강의에 했던 말을 가져오자면 시의 원형이, 민중의 염원을 담은 예언자가 갈릴리를 돌다가 예루살렘에 들어옵니다. 그리고 아무도 감히 대결하지 못하고 두려워했던 성전, 로마 지배 체제에 맞서서 대결합니다. 이 사람은 더 이상 한 개인이 아니라 하나의 상징이 되었습니다. 그래서 상징을 기억하기 위해서는 낭비해야 합니다. 그의 머리에 향유를 부은 여인은 낭비의 방식으로 예수의 사건과 죽음을 기억하려 하고 있습니다.

이 장면을 표현한 아름다운 그림이 있습니다. 「누가복음서」에는 그림처럼 예수의 발에 향유를 부었다고 나옵니다. 주위에 있는 사람들이 이런 행동을 예수가 허락한 것에 의아해하며 경악하는 표정을 짓고 있지요. '감히 남자의 발에, 거기다 머리카락으로 닦기까지 하다니……' 하면서 말입니다. 예수가 이야기합니다. 그렇게 낭비하며 기억하는 거라고.

제자들의 배신

예수의 예고된 죽음을 앞두고 여러 반응이 나타납니다. 첫 번째로 주목

제임스 티소, 〈예수에게 향유를 붓다〉, 1886~1894

할 반응은 바로 예수의 제자 가룟 유다의 행동입니다. 예수의 열두 제자 가운데 핵심 멤버였던 그가 대제사장들을 찾아가 제안합니다.

14. 그때 열둘 가운데 한 명인 가룟 유다라고 불리는 사람이 대제사장들에게 가서 15. 말했다. "내가 예수를 여러분들에게 넘기면 제게 무엇을 주실 수 있습니까?" 그들은 은화 서른 닢을 그에게 셈해 주었다. 16. 그때부터 그는 그분을 넘겨줄 적당한 기회를 노렸다.

유다가 왜 배신을 하게 되었는지에 대해 여러 추측이 있습니다. 예수가 군사들을 모아서 폭력적으로 지배 세력을 칠 줄 알았는데 그것을 거절한 것 같아 실망해서, 또는 예수가 예루살렘에 와서도 여전히 미적거리는 것처럼 보이자 궁지에 몰아넣으면 예수가 기적적인 능력을 발휘해 로마 지배 체제를 일거에 무너뜨릴 수 있으리라 생각해서, 혹은 유다가 당시 돈에 눈이 멀어서 등등의 추측이 있습니다만 어느 것도 그리 와닿지는 않습니다.

유다가 은화 서른 닢을 받고 예수를 팝니다. 은화 서른 닢은 목동의 1년 치 연봉 정도 됩니다. 그리 크지 않은 금액을 받고 자기 스승을 판 겁니다. 때로 우리는 가장 소중하게 간직할 것을 아주 싼값에 누군가에게 넘기고는 하지요.

47. 예수께서 아직 말씀하고 계실 때 열둘 가운데 하나인 유다가 대제사장

들과 백성의 장로들이 보내서 칼과 몽둥이를 든 많은 무리와 함께 오고 있는 것이 아닌가! 48. 예수를 넘겨준 그자가 그들에게 신호를 알려주었다. "내가 입 맞추는 사람이 바로 그 사람이오. 그를 붙잡으시오." 49. 그가 곧 예수께 가서 말했다. "랍비님, 안녕하십니까?" 그러면서 그는 목을 끌어안고 입을 맞추었다. 50. 예수께서 그에게 말씀하셨다. "친구, 무엇 하러 왔는가?" 그때 사람들이 예수께 다가와 손으로 그분을 붙잡았다.

키스로 사람을 넘깁니다. 굉장히 아이러니합니다. 이른바 유다의 키스로, 가장 신뢰했던 제자가 가장 친밀함을 나타내는 방식으로 예수를 헐값에 넘겼습니다. 그런 뒤에 다음과 같은 일이 일어납니다. 27장입니다.

1. 새벽이 되자 모든 대제사장과 백성의 장로들이 예수를 죽이기로 결의하였다. 2. 그래서 그분을 묶고 끌고 가서 총독 빌라도에게 넘겼다. 3. 그때 그분을 넘겨준 유다가 그분께서 유죄 판결을 받은 것을 보고 뉘우치며 대제사장들과 장로들에게 은화 서른 닢을 돌려주며 4. 말했다. "내가 무죄한 피를 흘리는 죄를 지었소." 그러나 그들이 대답했다. "그게 우리와 무슨 상관이냐? 네 책임이다." 5. 그는 은화를 성전에 내던지고 물러나서 스스로 목을 매었다.

유다의 인생은 이렇게 끝이 납니다. 다음 렘브란트의 그림은 유다가 은화 서른 닢을 돌려주는 장면입니다. 아주 절절히 회개하는 표정이지요. 은화 서른 닢이 무슨 필요가 있겠습니까. 그러자 앞에 있는 사람이 말합니다. "이게 나랑 무슨 상관이야? 네 책임이야." 그 와중에도 떨어진 돈을 보고 있는 사람들이 있습니다. 인간의 한 모습이지요. 이것이 양심을 거스르고 가장 싼값에 가장 소중한 것을 팔아넘겼던 사람의 말로입니다. 그리고 무고한 피해자를 만든 사람의 최후입니다.

이제 제자의 두 번째 배신, 바로 베드로 이야기입니다. 아시다시피 베드로는 예수의 가장 중요한 제자였습니다. 예수가 심판받는 곳 바깥쪽에 베드로가 앉아 있었지요. 26장 69절부터입니다.

69. 베드로가 안뜰 바깥쪽에 앉아 있었다. 그때 한 하녀가 그에게 다가가 말했다. "당신은 갈릴리 예수와 함께 있었던 사람이네요." 70. 베드로는 모든 사람 앞에서 모른다고 말했다. "네가 무슨 말을 하는지 나는 모르겠다." 71. 그가 대문 쪽으로 나가고 있었는데 다른 하녀가 그를 보고 그곳에 있는 사람들에게 말했다. "이 사람은 나사렛 예수와 함께 있던 사람이에요." 72. 그러자 베드로는 다시 맹세를 하면서 모른다고 하였다. "나는 그 사람 알지 못해요."

베드로는 자기의 스승이 어떤 상황인지 확인하기 위해 몰래 따라 갔습니다. 예수가 유죄 판결을 받는 것을 보고 있을 때 어떤 여인이 베드로를 알아봅니다. 그러자 그는 예수를 모른다며 시치미를 뗍니다. 그러고서 대문 쪽으로 슬그머니 나가는데 다른 하녀가 그를 또 알아보고

렘브란트, 〈은화 서른 닢을 돌려주는 유다〉, 1629

사람들한테 알립니다. 그 사람 붙잡으라는 뜻이지요. 베드로는 다시 맹세를 하면서 모른다고 말합니다. 맹세란 하나님의 이름을 거는 말입니다. 하나님께 맹세코 그 사람 모른다고 답한 것이지요.

73. 조금 후에 서 있던 사람들이 베드로에게 다가와서 말했다. "당신이 그 사람들 중 한 명이라는 것은 틀림없소. 당신 말씨가 당신이 누구인지 드러내오." 74. 그러자 베드로가 저주하기 시작하면서 "나는 그 사람 모르오"라고 맹세하였다. 바로 그때 닭이 울었다. 75. 베드로는 예수께서 "닭이 세 번 울기 전에 나를 모른다고 할 것이다"라고 한 말씀이 생각이 났다. 그는 밖으로 나가 통곡하였다.

갈릴리 사람은 갈릴리 방언을 썼습니다. 연구개음 발음이 유대 지역에 사는 유대인하고 달랐습니다. 그러니 베드로의 말씨는 그가 갈릴리인임을 쉽게 드러냈습니다. 역설이지요. 베드로는 자기가 주님이라고 부르는 예수를 배반하고, 베드로의 말씨는 베드로라는 주인을 배반합니다.

앞의 두 가지 일화를 통해 우리는 알 수 있습니다. 예수를 십자가형에 처하게 한 것은 제자들의 배신이고, 그 배신에는 진리를 진리라고 말하지 못한 비겁함이 있었습니다.

베드로의 배신이 렘브란트의 그림에 나타나 있습니다. 불빛을 이용해 베드로의 얼굴을 보고 묻는 장면입니다. 이 그림을 보면 화면 오른

렘브란트, 〈성 베드로의 부인〉, 1660

마태복음서

편 위에서 고개를 돌려 베드로를 바라보는 예수가 있습니다.

책임 있는 자

예수가 유대 총독인 로마 통치자 빌라도의 재판을 받는 이야기가 이어
집니다. 27장입니다.

> 11. 예수께서 총독 앞에 서셨다. 총독이 그분께 물었다. "당신이 유대인의
> 왕이오?" 예수께서 말씀하셨다. "당신이 그렇게 말하였소." 12. 대제사장
> 들과 장로들이 그분을 고발했지만 그분은 아무 대답도 하지 않으셨다. 13.
> 그러자 빌라도가 그분에게 말했다. "저 사람들이 당신을 여러 가지로 고발
> 하는 것이 들리지 않소?" 14. 그러나 그분은 그에게 아무런 말도 하지 않으
> 셨다. 총독은 이를 매우 이상하게 여겼다.

당신이 유대인의 왕이냐는 빌라도의 물음에 예수는 선명히 긍정도
부정도 하지 않습니다. 대제사장들과 장로들의 고발에도, 빌라도의 물
음에도 답을 하지 않습니다. 예수는 이 재판이 공정할 리 없는 재판임
을 잘 알고 있습니다. 유대인의 지도자를 자처하는 이들의 거짓 고발과
불법적 행태에 응답하는 것이 의미가 있을 리 없습니다. 예수는 공정한
법 집행을 하지 않는 현실을 침묵으로 고발하고 있는 듯합니다.

사건은 다음과 같이 진행됩니다.

15. 명절 때마다 총독은 군중이 원하는 죄수를 풀어주는 관례가 있었다.
16. 그때 바라바라고 불리는 유명한 죄수가 있었다. 17. 사람들이 모였을
때 빌라도는 그들에게 말했다. "여러분은 내가 누구를 풀어주기를 원하오?
바라바요? 아니면 그리스도라 불리는 예수요?" 18. 그는 시기심 때문에 그
들이 예수를 넘겨주었다는 것을 알았다. 19. 빌라도가 재판석에 앉았을 때
그의 부인이 그에게 사람을 보내 말을 전했다. "당신은 저 정의로운 사람에
게 어떤 일도 하지 마세요. 오늘 꿈에 그 사람 때문에 몹시 괴로웠습니다."
 20. 그러나 대제사장들과 장로들은 무리를 설득해서 바라바를 풀어주고
예수를 죽이라고 요구하라고 하였다. 21. 총독이 그들에게 대답했다. "여
러분들은 둘 중 누구를 풀어주기를 바라오?" 그들이 대답했다. "바라바요."
22. 빌라도가 그들에게 말했다. "그러면 내가 그리스도라고 불리는 예수에
게 어떻게 할까요?" 그들 모두 대답하였다. "그를 십자가형에 처하시오."
23. 그가 말했다. "이 사람이 무슨 잘못을 했다는 거요?" 그러나 그들이 소
리를 질러댔다. "그를 십자가형에 처하시오."

군중은 어떤 사람들이었습니까? 예수가 기적을 베풀 때 환호하고
예수를 따랐던 사람들입니다. 그랬던 군중이 선동을 당한 것입니다. 누
가 필요한 사람인지 선택하라고 했을 때 바라바를 선택합니다. 바라바
는 로마제국이 십자가형을 내릴 만한, 폭력적인 반란을 일으킨 사람이

라고 알려져 있습니다. 곧 바라바는 로마 지배 체제에 폭력으로 항거한 사람이고, 예수는 폭력으로 가능한 것 이상으로 크게 이 세상을 바꿀 수 있는 것이 있다고 이야기한 사람입니다.

24. 빌라도가 아무런 소용도 없고 도리어 폭동이 커질 것을 보고, 무리 앞에서 손을 물로 씻으며 말했다. "나는 이 피에 대해서 책임이 없고 여러분들이 책임이 있소." 25. 모든 백성이 대답했다. "우리와 우리 자손들이 그 피에 대해서 책임을 질 것입니다." 26. 그는 그들에게 바라바를 풀어주고 예수는 채찍질하고 십자가형에 처하라고 넘겨주었다.

여러분은 과연 누구에게 책임이 있다고 보시나요? 군중과 유대 지도자들에게도 있겠지요. 그러나 흥미롭게도, 혹은 의미심장하고 또 무시무시하게도 2천 년이 지난 오늘날까지 상당한 수의 그리스도교인은 "사도신경"이라는 고백문을 외웁니다. 그 고백문은 예수가 '본디오 빌라도'에게 고난을 받아서 십자가형에 처해졌다고 고발합니다. 교회에서, 성당에서 일요일 아침마다 빌라도에게 피의 책임을 돌립니다. 그렇습니다. 권한이 있는 사람에게는 책임도 있는 것입니다. 손을 씻는다고 해서 책임에서 벗어날 수 있는 것은 아니지요.

로마 군인들은 예수를 희롱합니다. 예수의 머리에는 왕이 쓰는 면류관을 가시로 만들어서 푹 눌러 씌우고, 역시 왕의 권위를 나타내는 일종의 규(圭), 막대기를 예수의 손에 들려줍니다. 왕처럼 꾸며놓고 조롱하는 것이지요.

십자가에서 내려다본 얼굴들

32. 그들이 나가다가 시몬이라고 하는 구레네 사람을 만나 그에게 억지로 예수의 십자가를 지고 가게 하였다. 33. 그들은 골고다, 곧 '해골의 터'라 불리는 곳으로 갔다. 34. 그들은 예수께 쓸개를 탄 포도주를 마시라고 주었다. 그러나 그분은 맛만 보시고 마시려고 하지 않으셨다. 35. 그들은 그분을 십자가에 못 박고는 주사위를 던져 그분의 겉옷을 나누었다. 36. 그리고 거기에 앉아 그분을 지켰다.

이렇게 예수는 헐벗은 몸으로 십자가에 못 박힙니다. 예수는 십자가에 달려 그 아래 모여 있던 사람들의 모습을 보았을 겁니다. 자신의 죽음을 슬퍼하는 사람, 웃고 있는 사람, 비난하는 사람…… 이 모든 사람들이 예수 십자가형의 증인처럼 보입니다. 그 군중 가운데서 이런 말들이 들려옵니다.

42. "이 사람이 다른 사람들은 구원했지만 자기를 구원할 능력은 없는가 보다. 그가 이스라엘 왕이라니 지금 십자가에서 내려와보라. 그러면 우리가 그를 믿을 텐데. 43. 그가 하나님을 굳게 믿었으니 그분이 그를 원하시

면 지금 구원하시게 해야지. 그는 '나는 하나님의 아들이다'라고 하지 않았느냐 말이야." 44. 이처럼 그분과 함께 십자가에 매달린 강도들도 그분을 욕했다.

십자가 아래에서 사람들은 죽어가는 예수를 향해 기적을 보이라고 요구합니다. 그러나 「마태복음서」 4장에서 보았듯 기적으로 이 세상이 구원되지 않는다고 말한 예수는 자신을 위해서 십자가 위에서 기적을 행하지 않았습니다. 4장에서 악마가 시험할 때 말한 것처럼 사람들은 예수가 하나님을 굳게 믿었으니 하나님이 지금 구원하지 않겠느냐고 절반은 조롱으로 절반은 궁금해하며 말하지요. 이것이 불의하게 십자가에 매달린 사람을 앞에 두고 떠드는 말들입니다. 자신이 살아가는 세상이 벌인 참극에 마치 방관자처럼 혹은 평론가처럼 이런저런 말들을 주고 받을 때 십자가에서 한 젊은이, 꿈을 꾸고 행동하며 용기와 지혜로 살아낸 젊은이는 죽어갑니다.

45. 낮 열두 시부터 어둠이 온 땅을 덮어 오후 세 시까지 계속되었다. 46. 세 시쯤에 예수께서 큰 소리로 부르짖었다. "엘리 엘리 라마 사박다니" 이것은 "나의 하나님, 나의 하나님, 왜 저를 버리십니까?"라는 뜻이다. 47. 거기에 있던 사람 가운데 몇이 그것을 듣고 말했다. "이 사람이 엘리야를 부른다." 48. 그들 중 한 사람이 달려가서 해면을 가져다가 신포도주를 푹 적셔 갈대에 달아 그분에게 마시게 하였다. 49. 나머지 사람들은 이렇게 말

했다. "그 사람 가만히 둡시다. 엘리야가 와서 그를 구원해주는지 봅시다."

50. 예수께서 다시 큰 소리를 지르시고는 숨을 거두셨다.

　많은 사람이 해석하기 어려워하는 구절입니다. 예수가 거기서 절망을 했을까? 마지막으로 원했던 것이 무엇일까? 이런 질문들을 던지면서 말입니다. 예수가 말한 그 구절은 『구약』의 「시편」 22편의 첫 구절입니다. 그 시는 "나의 하나님, 나의 하나님, 어찌하여 나를 버리십니까? 어찌하여 그리 멀리 계셔서, 살려달라고 울부짖는 나의 간구를 듣지 아니하십니까?"라는 탄식과 좌절의 절규로 시작하고, 또 자신을 "나는 사람도 아닌 벌레요, 사람들의 비방거리, 백성의 모욕거리일 뿐입니다"라고 한탄하지만 "고통받는 사람의 아픔을 가볍게 여기지 않으신다. 그들을 외면하지도 않으신다. 부르짖는 사람에게는 언제나 응답하여 주신다"는 믿음을 잃지 않으면서 "주님의 능력으로 살겠다"는 희망을 노래합니다. 예수 역시 자신이 처한 상황의 비참함과 고통에 직면해서도 그 믿음과 희망을 잃지 않은 셈이지요. 몇 사람이 한 말, "이 사람이 엘리야를 부른다"는 것은 오해입니다. 그렇게 예수가 폭력과 시기와 선동과 배반과 오해와 방관 속에 죽어갑니다. 예수의 죽음은 참 간략한 문장으로 마무리됩니다. "숨을 거두셨다."

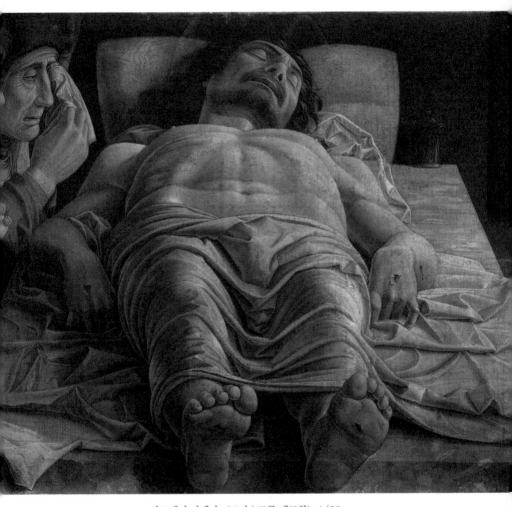

안드레아 만테냐, 〈그리스도를 애도함〉, 1490

반복되는 희생의 구조

저는 예수의 죽음을 보면서 만테냐의 〈그리스도를 애도함〉이라는 그림이 떠올랐습니다. 그리고 몇 년 전에 알란 쿠르디라는 난민 아기의 죽음을 보았을 때도 이 그림을 떠올렸습니다. 알란 쿠르디는 시리아의 한 난민 가정에서 태어나 배를 타고 살 만한 곳을 찾아가던 도중 바다에 빠져 숨졌다고 전합니다. 이후 쿠르디의 사망은 우리에게 알려진 바와 다른 점이 있다는 주장도 제기되었지요. 그러나 쿠르디의 죽음이 어떤 '사건'으로 우리에게 주어진 것은 확실합니다. 시리아를 둘러싼 전쟁, 난민, 죽음, 아니 죽임당함을 상징하는 '사건' 말이지요. 또 다른 한편 우리가 2강에서 읽은 베들레헴에서 일어난 유아 대학살도 생각했습니다. 예수가 그때 그곳에서 죽임당한 어린아이의 빚을 갚았구나 하는 생각과 함께 말입니다. 베들레헴의 아기들이 예수 때문에, 예수를 위해서 죽었다면 이제 예수는 그들과 똑같이 폭력에 의해 살해당하면서 다시 그 아기들의 이야기를 우리에게 들려줍니다.

죄 없는 한 사람의 십자가형은 어떻게 일어났습니까? 우선 동지의 배신에 의해서이지요. 진리를 진리로 말하지 못하는 사람들. 그다음 경쟁자들, 유대인 지도자들의 탐욕과 시기죠. 또 책임자이면서 책임을 회피하려 한 빌라도, 거기에 선동당한 민중이 함께 저지른 일입니다. 그 일에 구경꾼처럼, 마치 자신은 이 일에 평론가처럼 임했던 이들의 방관도 한몫을 했습니다. 그렇게 신의 나라를 이 땅에 세우고자 꿈꾸던 사람은 '살해'당했습니다.

이러한 일은 역사 속에서, 또 지금도 계속해서 일어나고 있습니다. 알란 쿠르디 '사건'의 배후에도 있을 것입니다. 누군가의 탐욕, 진실을 말하지 못하는 누군가의 무능과 배신, 마땅히 권한을 갖고 있지만 그 권한을 제대로 행사하지 않고 책임지지 않으려 하는 권력자들. 진실을 분별해 알려고 하기보다는 선동당해서 끊임없이 누군가의 목소리를 대신 내주고자 하는 사람들, 그리고 대다수의 방관자들. 이러한 존재들이 모여 오늘날에도 무고한 희생자들을 만들어내고, 꿈꾸는 사람들을 죽음으로 몰아갑니다.

예수의 십자가형은 역사에서 반복되는 그 희생의 구조가 무엇인지, 피해자를 만드는 구조가 무엇인지, 사회적 불의는 어떻게 일어났는지를 고발하고 있습니다. 그리고 우리에게 여전히 그렇게 살 것인지를 묻고 있지요. 오늘은 십자가형의 의미를 통해, 수많은 희생을 기억하고 기리는 시간을 가졌으면 합니다.

제10강

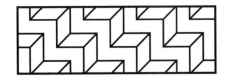

다시, 끝까지 살아내는 용기

어느덧 마지막 강의 시간입니다. 앞서 아홉 차례의 강의를 통해 「마태복음서」의 의미가 충분히 드러났을지 기대도 되고 한편으로 걱정도 되는군요. 「마태복음서」가 예수의 십자가형으로 끝났으면 비극이 되었겠지요. 그랬다면 예수는 역사 속 수많은 영웅 가운데 한 명으로 기억되었을 것입니다. 그러나 이야기는 예수의 죽음으로 끝나지 않습니다. 예수는 부활합니다.

부활, 죽은 사람이 다시 살아난다는 것. 믿기 어려운 말입니다. 사실 많은 사람들이 이렇게 말합니다. "사람이 죽었다가 살아났다는 말을 어떻게 믿습니까?" 상식적으로 죽은 사람이 부활했다는 걸 믿을 수는 없지요. 의학적으로 있을 수 없는 일입니다. 그러나 기독교는 부활을 신앙의 핵심으로 삼습니다. 기독교는 부활이 예수가 당대의 혁명가에 머무르지 않는 위대한 인물임을, 또한 그것을 신이 인정했음을 말해준다고 믿습니다. 이번 강의에서는 「마태복음서」의 마지막 부

분인 27장과 28장에 나온 예수의 부활을 다루면서 기독교가 말하고
자 하는 부활의 의미를 함께 생각해보려 합니다.

부활의 시작

부활을 이해하기 위해 먼저 27장 57~58절을 보겠습니다.

> 57. 밤이 되자 아리마대 출신의 요셉이라는 부자가 왔다. 그 역시 예수의
> 제자였다. 58. 이 사람이 빌라도에게 가서 예수의 시신을 달라고 요청했다.
> 그러자 빌라도는 내어주라고 명령했다.

단순한 이야기입니다. 그래서 저도 그다지 주의를 기울이지 않았
습니다만, 몇 년 전부터 이 구절이 가슴 깊이 와닿았습니다. 이것이 기
독교가 말하는 부활의 시작이라는 생각이 들었기 때문입니다.

이 부분을 읽을 때마다 생각나는 책이 있습니다. 고대 그리스 작가
소포클레스를 들어보셨을 겁니다. 비극 작가인 그가 쓴 글 중에 『안티
고네』가 있습니다. 테바이의 왕 크레온과 안티고네의 갈등을 다룬 그
리스 고전이죠. 안티고네는 오이디푸스의 딸인데, 오이디푸스가 자신
의 어머니와 결혼했잖아요. 그러니까 오이디푸스의 딸이자 여동생이기
도 합니다. 안티고네는 아버지 오이디푸스와 동행하며 그의 수족이 되

어 지냅니다. 그런데 오이디푸스가 왕위에서 물러난 뒤 그 자리를 놓고 오이디푸스의 두 아들이 경쟁을 합니다. 이 갈등 상황에서 안티고네의 외삼촌 크레온이 둘째 아들의 편을 들지요. 반면에 안티고네는 첫째 오빠를 더 좋아했나 봅니다. 여하튼 이들 형제가 왕위 다툼을 했고, 결국에는 둘 다 죽고 맙니다. 그러자 외삼촌 크레온이 어부지리로 왕이 되는데, 그는 테바이의 왕이 되고 나서 자신이 지지했던 둘째, 즉 안티고네의 둘째 오빠에게는 성대하게 장례식을 치러주고 큰오빠의 시신은 방치해버립니다. 들짐승의 먹이가 되도록 마을 밖에 버려두라고 명령하고는 누구라도 그 시신을 수습하거나 무덤을 만들면 엄벌에 처하겠다고 합니다. 안티고네는 고민에 빠집니다. 왕의 엄명이 있지만 큰오빠의 시신이 짐승의 밥이 되게 놔둘 수는 없는 노릇이지요. 인륜에 어긋나는 일이고 그 사람에게 가장 큰 수치를 안기는 일이니까요. 결국 안티고네는 큰오빠의 시신을 수습해서 흙으로 덮고 장례를 치러줍니다. 이 일을 경비병한테 들켜, 크레온 왕이 안티고네를 불러서 어떻게 된 일이냐고 따집니다.

그러자 안티고네가 고개를 꼿꼿이 들고 말합니다. 제아무리 왕이라도 인간이 정한 법이 신의 법을 넘어설 수는 없다고, 인간은 누구든 죽음을 맞이하면 장례 절차를 밟아야 된다고 합니다. 그러면서 인상적인 말을 덧붙입니다. "나는 서로 미워하기 위해서가 아니라 서로 사랑하기 위해 태어났습니다."

앞의 구절로 돌아가볼까요. 아리마대 출신의 요셉은 부자입니다.

다른 복음서에 보면 이 사람은 오늘날로 따지면 국회의원 정도 됩니다. 부자에 국회의원이니 잃을 것이 많은 사람입니다. 또한 예수의 제자이기도 했는데 자신을 제자라고 떳떳이 밝히지 못했습니다. 그는 예수의 재판 과정에 개입해서 얼마든지 예수가 그런 사람이 아니라고 발언할 수 있었습니다. 하지만 그러지 않았지요. 어찌 보면 비겁한 사람입니다. 자신의 신념을 지키지 못했으니까요.

다음 그림을 보며 한번 상상해봅시다. 석양빛을 받으며 요셉은 무슨 생각을 하고 있을까요? 예수의 제자들이 모두 떠나갔어요. 만약 그가 예수의 제자임이 밝혀지면, 드러내 말한다면, 그 순간 정치적 혐의를 뒤집어쓰고 해를 입겠지요. 정치범의 추종자라고 스스로 주장한다면 그 정치범이 당한 혐의를 고스란히 인정하는 것이고, 형벌이 기다리고 있겠지요. 그런데 요셉은 빌라도에게 가서 시신을 달라고 요청합니다.

저 요청에서 요셉의 심정이 그려집니다. 처음에는 숨죽이고 두려워하고 주저했겠지요. 그러는 동안 양심이 계속 말을 했을 겁니다. 저무는 해를 보면서 과연 삶에서 무엇이 중요한지, 내가 모든 걸 바쳐 지켜야 할 것은 무엇인지 고민하다, 마침내 결심했을 것입니다. 그리고 운명을 내걸고 빌라도에게 갑니다.

바로 이것이 부활 이야기의 시작입니다. 예수가 부활하기 전에 부활 사건을 맞이하는 이야기가 배치되는 것입니다. 이 장면에서 부활했나요? 비겁이 물러간 자리에 용기가, 도망가고 회피하던 자리에 진실

프레드릭 레이턴, 〈아리마대의 요셉〉, 연대 미상

이 부활합니다. 요셉은 정면으로 맞서서 되찾아야 할 것들을 구하러 갑니다. 예수의 시신을 찾아 그를 안았을 때, 아리마대 요셉은 어떤 감정을 느꼈을까요?

내가 스파르타쿠스다

59. 요셉은 몸을 받아들고 그 몸을 깨끗한 삼베로 싸고 60. 바위를 뚫어 만든 자기 새 무덤에 그 몸을 뉘었다. 그리고 큰 돌로 무덤 문을 굴려놓은 다음 떠나갔다. 61. 그곳에는 막달라 출신 마리아와 다른 마리아가 무덤 맞은편에 앉아 있었다.

요셉이 마련한 무덤은 전통적인 유대인의 무덤 형태입니다. 돌을 굴려 무덤 입구를 막는 이유는 부장품을 보호하기 위해서입니다. 그런데 예수는 부장품도 없잖아요. 왜 막았을까. 이런 추측도 한번 해봅니다. 요셉이 막상 예수의 몸을 찾아오기는 했지만, 어쩌면 예수의 무덤을 꼭 닫고 싶었을 수도 있겠구나 하고요. 너무나 사랑하고 아끼는 존재이자 수행해야 할 진리의 예수이지만, 그러하기에 두려워서 멀리하고 싶은 마음도 동시에 들지 않았을까 합니다. 인간이란 그렇게 역설적이고 모순적인 면을 함께 가지고 있지 않습니까. 진리를 위해 힘을 쓰는 순간에도 그 진리를 배반하고픈 마음이 동시에 드는 그런 복잡한 존재가 사람이지요. 그때 무덤 맞은편에 막달라 출신 마리아와 다른 마리아가 앉아서 그 모습을 봅니다. 흥미로운 장면입니다. 내로라하는, 예수를 따르겠노라고 호언한 남성들이 모두 떠난 자리에 남아 있는 것은 당시 가부장제 사회에서 증인 자격도 주어지지 않는 여성뿐입니다. 예수가 사회의 주변부 인물들을 동지와 제자로 삼았는데, 그중에서도 여성은 주변부의 주변에 있었으니 결국 예수의 마지막은 사회의 가장 끄트머리 사람들과 함께한 셈입니다.

저는 이 광경을 떠올리면 예전에 본 〈스파타커스〉(1960)라는 영화의 한 장면이 더불어 기억납니다. 잘 아시다시피 스파르타쿠스라는 검투사 노예가 있었습니다. 그는 다른 검투사 노예들을 규합해 노예해방 운동을 하다가 북쪽 이탈리아로 올라갑니다. 그러나 그쪽 나라들이 그들을 받아주지 않았고, 결국 갈 곳이 없던 그들은 로마로 회군하게 됩니다. 그 과정에서 6,000명에 이르는 노예들은 로마 정규군에게 완전히 패하고 로마군에게 포위당합니다. 그 영화에서는 이 장면을 이렇게 그립니다. 포위된 노예 6,000명을 앞에 두고 로마 장군이 제안을 합니다. 우리는 너희를 죽일 생각이 없으니, 스파르타쿠스만 내놓으라고. 그러면 스파르타쿠스만 죽이고 나머지는 모두 아무 일도 없던 것처럼 주인에게 돌아가서 살면 된다고. 아주 매혹적인 제안입니다.

이윽고 한 사람이 일어납니다. 그가 말합니다. "내가 스파르타쿠스다." 사실 이 사람은 스파르타쿠스가 아니에요. 그런데도 그렇게 말한 건 스파르타쿠스를 보호하고 싶었던 마음에서였을 수도 있습니다. 또 자신은 실제 스파르타쿠스는 아니지만 스파르타쿠스의 정신을 지녔노라는 선언일 수도 있습니다. 뒤이어 옆에 있던 사람이 일어나서 말합니다. "내가 스파르타쿠스다." 이런 식으로 포위당한 6,000명이 다 일어나 자신이 스파르타쿠스라고 합니다.

만약 여러분이 로마 장군이었다면 어떻게 하셨겠습니까? 저 사람들은 신분은 노예지만 정신은 자유인입니다. 신분은 자유인인데 노예처럼 살아가는 사람과 반대로요. 자유인의 정신을 가지고 있는 사람은 더는 노예로 살아갈 수 없지요. 로마 장군은 그들을 모두 처형하기로 결정합니다. 당시 로마에는 아피아 도로가 있었습니다. 우리로 치면 경부고속도로 같은 길입니다. 장군은 6,000명을 십자가에 매달아 아피아 도로 양옆에 전시합니다. 지나가는 사람들이 있다면 그 끔찍한 신음과 고통과 참혹한 장면을 고스란히 보아야만 하겠지요. 그들은 며칠에 걸쳐 죽습니다. 그러나 "내가 스파르타쿠스다"라는 정신은 죽지 않고 역사 속에 길이 남았습니다. 그러기에 마침내 노예가 현대 세계에 없어지게 된 것이지요.

무덤까지 간 두 여인, 곧 막달라 마리아와 다른 마리아는 예수가 죽어도 그의 곁을 떠나려 하지 않습니다. 그것은 단지 미련이나 아쉬움이 아닙니다. 예수가 시작한 새 삶을 향해 사역, 곧 예수 운동이 그렇게 끝나지 않으리라는, 꺼지지 않는 믿음이 있었던 것 같습니다. 자, 이제 28장으로 넘어가겠습니다.

빈 무덤에서 갈릴리로

1. 안식일 후 첫날 동틀 무렵에 막달라 마리아와 다른 마리아가 무덤을 보러 갔다. 2. 그때 놀라운 일이 벌어졌다! 큰 지진이 일어났고 주의 천사가 하늘에서 내려와서 무덤에 가서는 돌을 굴려 치우고 그 위에 앉았다. 3. 그 천사는 번개 같은 모습을 하였고, 입은 옷은 눈과 같이 희었다. 4. 무덤을 지키던 사람들은 천사를 보고 두려워서 몸을 떨었고 마치 죽은 사람 같았다.

막달라 마리아와 다른 마리아는 무덤을 보러 다시 갑니다. 그들이 '무덤' 자체를 보러 간 것은 아니지요. 부활할 것이라는 예수의 말을 신뢰하며 꺼트릴 수 없는 희망의 실날이 있는지를 탐색하는 것 아니겠습니까. 그때 저 일이 일어났습니다. 역사학적으로, 또 의학적으로 일어났다는 그 일을 실증할 수는 없습니다. 다만, 법정에서 증인 자격도 부여되지 않는 두 여성 막달라 마리아와 다른 마리아가 부활을 증언합니다. 유대 사회에서 여성들은 감정 조절이 잘 안 된다는 이유를 들어 증인으로 세우지 않았습니다. 그런데 예수의 부활에 관한 증인으로 두 여인이 등장합니다. 어쩐지 기시감이 들지 않나요? 「마태복음서」 1장, 족보에 여성들이 등장하는 것과 수미상관 구조를 이룹니다. 예수의 족보에 있는 여성들이 예수를 가능하게 했듯, 두 여성이 예수 부활의 첫 번째 증인이 됩니다.

5. 천사가 여인들에게 말했다. "두려워하지 마시오. 나는 그대들이 십자가에 달리신 예수를 찾고 있는 것을 아오. 6. 그러나 그분은 여기에 계시지 않고 그분이 말씀하셨던 대로 살아나셨소. 그분이 누우셨던 곳을 보시오. 7. 자! 내가 그대들에게 말합니다. 서둘러 제자들에게 가서 이렇게 말하시오. '그분이 죽었다가 살아나셨습니다. 그분이 여러분보다 먼저 갈릴리로 가실 것입니다! 거기서 여러분이 그분을 뵐 것입니다.'"

"그분이 여러분보다 먼저 갈릴리로 가실 것입니다!" 충격과 감동을 주는 말입니다. 갈릴리는 예수의 꿈이 시작된 곳이잖아요. 산문적 인생의 복판을 가로지른 예수의 꿈이 시작된 곳. 또 예수가 모든 사람에게 꿈과 새로운 삶의 가능성을 선포하기 시작한 곳이지요. 그런데 예루살렘에 와서 죽음으로 실패했지요. 그런 예수가 살아나 갈릴리로 갑니다. 그것도 실망한 제자들보다 먼저요. 그곳에서 예수는 다시 시작합니다. 하늘나라 선포는 삭제하려야 삭제할 수 없는 것이기 때문이지요.

이것이 기독교가 말하는 부활의 정신입니다. 좌절과 실패와 죽음이 있었지만, 예수는 처음 꿈을 꿨던 그곳 갈릴리에 '먼저' 가서 다시 시작합니다. 척박한 갈릴리, 이방인들의 갈릴리에서 다시 제자들을 죽음 밖으로 부릅니다. 김수영의 시 「풀」이 예수 부활의 한 면을 담고 있습니다.

날이 흐리고 풀이 눕는다

발목까지

발밑까지 눕는다

바람보다 늦게 누워도

바람보다 먼저 일어나고

바람보다 늦게 울어도

바람보다 먼저 웃는다

당시 무덤은 큰 바위 혹은 돌벽에 굴을 파고 들어가는 출입구를 큰 돌을 굴려 열고 닫는 형태였습니다. 옆의 둥그런 돌을 두고 굴려서 열고 막아놓았습니다. 그런데 그 돌이 굴러가고 문이 열린 거죠. 무덤에 갔던 두 여인의 이야기를 '빈 무덤 이야기'라고 부르는데, 기독교의 상징 중 하나가 빈 무덤입니다. 닫히지 않은 무덤, 시체 없이 빈 무덤! 죽음이 결코 예수의 삶을, 예수의 생명력을 가두지 못했다는 것, 그리고 먼저 갈릴리로 가는 그 정신에 부활의 뜻이 있습니다.

8. 여인들이 재빨리 무덤에서 떠나 두려워하면서도 크게 기뻐하며 제자들에게 이 소식을 알리기 위해 달려갔다. 9. 그런데 그때 예수께서 나타나셨다! 그분은 여인들에게 말씀하셨다. "안녕하세요?" 여인들은 예수께 나아가 그분의 발을 붙잡고 그분을 경배했다. 10. 그때 예수께서 여인들에게 말씀하셨다. "두려워하지 마세요. 가서 내 형제들에게 갈릴리로 가라고 전해주시오. 그러면 거기서 나를 볼 것입니다."

예수가 부활해서 건넨 첫마디가 "안녕하세요?"였습니다. 헬라어로는 '카이레'라는 것인데, 제가 번역한 대로 '안녕하세요'라는 뜻입니다. 정말 일상적인 말이죠? 만약 여러분이 이렇게 부활했다면 뭐라고 했겠습니까? "날 봐라! 나는 살아 있다! 내가 신의 아들이다! 내가 죽음을 이겼어!" 대개는 이런 식으로 말하지 않을까요? 그런데 예수는 평범한 인사를 건넵니다. 마치 죽음을 겪지 않은 사람처럼 말이죠. 그것도 어떤 죽음입니까. 구조적인 폭력에, 동지들의 배신에, 권력자들의 무능과 무책임, 선동당한 군중들의 무지와 폭력성, 시기와 욕심에 뒤범벅이 되어서 구조적으로 희생된 죽음이지요. 그렇게 희생된 사람이 되살아나서 처음 본 사람에게 인사를 건넵니다. "안녕하세요? 어려웠지요? 마음 상하지 않으셨어요? 다시 시작해요"라고 말이죠.

부활은 어떻게 사실이 되는가

11. 여인들은 떠나갔다. 그러자 몇 명의 경비병들이 도시로 돌아가서 대제사장들에게 일어난 일을 모두 보고하였다! 12. 대제사장들은 장로들과 함께 모여 이 일을 논의하였다. 그러고는 군인들에게 은화를 넉넉히 주면서 13. 말했다. "너희는 이렇게 말해라. '우리가 자는 사이에 예수의 제자들이 밤에 와서 그를 훔쳐갔다.' 14. 총독이 이 일을 듣게 되더라도 우리가 그에게 잘 말할 터이니 너희가 걱정할 것이 없다." 15. 은화를 받은 사람들은 지

시한 대로 하였고, 그래서 이 소문이 오늘날까지 유대인들 사이에 퍼졌다.

상황이 이렇게 되었으니 권력 체제가 가만히 있을 리 없겠지요. 예수도 다시 시작했는데 지배 체제도 다시 시작해야겠죠. 저항 운동이 벌어지거나 새로운 세상을 지향하는 움직임이 있을 때 지배층이 하는 일은 뻔합니다. 앞에서도 보았듯 구조적인 폭력으로 누르고 거짓으로 루머를 만들어서 그 운동을 해치지요. 바로 그런 일이 실행됩니다. 예수의 제자들이 밤에 와서 그 시체를 훔쳐갔다고 거짓말을 하라는, 유언비어를 퍼트리라는 지시를 내립니다. 지배층이 사람들에게 전하려는 요지는 명확합니다. "부활은 불가능하다. 희망은 없다. 이것이 세상의 전부다."

그런데 여러분, 정말 부활을 했을까요? 이미 밝힌 대로 자연과학적으로 입증할 수는 없습니다. 다만 한 가지 확실한 건 있습니다. 예수가 십자가에 달릴 때 예수의 제자라고 하는 사람들은 단 한 명도 그 십자가 옆에 있지 않았습니다. 우리가 보았듯이 유다는 배신했고, 베드로는 세 번에 걸쳐 배신했는데 처음에는 한 개인 앞에서, 그다음에는 공공연하게, 세 번째는 예수를 저주하면서 배신했어요. 아리마대 요셉도 예수가 죽고 난 후에야 비로소 자기의 양심을 되찾았습니다. 아무도 예수의 십자가 옆에 있지 못했습니다. 두려워서 말이죠.

그런데 예수 운동이 오늘의 기독교가 된 것은 두려움에 압도되었던 제자들이 예수의 부활을 외치기 시작한 데서 비롯했습니다. 이 말이 역으로 보여주는 것이 있습니다. 예수의 부활이 의학적 사실인지를 확인할 수는 없어도, 최소한 제자들에게는 심리학적 사실이라는 점입니다. 그래서 제자들은 그것을 전하기 위해서 자신의 목숨을 걸었습니다. 자기가 한 거짓말에 스스로 속아서 목숨을 걸긴 어렵습니다. 그것도 집단적으로 말입니다. 예수의 부활이라는 사건이 제자들의 환상인지 착각인지는 알 수 없지만, 제자들은 집단적으로 예수의 부활이 사실이라고 믿었습니다. 그리고 자신들을 부활의 증인으로 자랑했습니다.

가르침을 통한 통치

먼저 갈릴리의 한 산으로 간 예수를 제자들이 찾아가 만납니다. 예수는 제자들에게 마지막 말을 합니다.

16. 열한 제자가 갈릴리로 가서 예수께서 그들에게 알려주신 산에 이르렀다. 17. 그들은 예수를 보고 경배하였다. …… 18. 그러자 예수께서 그들에게 다가와서 말씀하셨다. "하늘과 땅의 모든 권세를 내게 주셨으니 19. 여러분은 가서 모든 민족을 제자로 삼아 아버지와 아들과 성령의 이름으로 세례를 주십시오. 20. 내가 그대들에게 명령한 모든 것을 지키라고 가르치십시오. 보십시오, 내가 세상 끝날까지 항상 여러분과 함께 있을 것입니다!"

예수가 다가와서, 곧 한발 앞으로 가서 자신이 살아 있음을 보여주고서 이야기합니다. 이것이 「마태복음서」의 끝인데요, 저는 이 구절을 읽을 때면 떠오르는 이야기가 있습니다. 로마제국에는 황제가 죽은 후에 신이 된다는 '아포테오시스'라는 전승이 있습니다. '아포'는 '이후'이고 '테오시스'는 '신이 되다'는 뜻으로, '사후(死後) 신격화'라고 번역합니다. 제국은 로마 황제가 살아 있을 때는 인간이지만 죽으면 신이 된다고 선언했습니다. 사후 신격화가 되고 나면 황제의 후계자는 자연히 신의 자녀가 되지요. 사후 신격화를 알고 있는 로마의 청중이라면 부활 후 예수가 한 '하늘과 땅의 모든 권세'를 가졌다는 말에서 아포테오시스를 연상할 것입니다. 그런데 예수가 말한 내용은, 로마제국의 시조인 로물루스가 율리우스에게 한 이야기라고 전해져 내려오는 것과 아주 큰 대비를 이룹니다. 로마의 시조였던 로물루스가 귀족 율리우스에게 나타나서 이런 말을 전했다고 합니다. "로마인은 세계를 지배할 운명을 타고났다." 이는 모든 민족을 지배 대상으로 삼으라는 뜻이나 다름없습니다. 그다음으로는, "너희는 세상을 정복하기 위해서 군사적 기술을 개발하라"고 말합니다.

여러분 혹시 첫 번째 강의 내용을 기억하십니까? 베르길리우스의 『아이네이스』를 보면 처음에 '나는 무기와 사내를 노래하노라' 하고 시작한다는 것. 그에 상반되게 「마태복음서」의 맨 처음은 '창조의 책'으로, '책'을 말한다는 내용이오. 그래서 베르길리우스나 호메로스의 세계가 무의 세계, 전쟁과 명예와 사나이의 세계라면, 「마태복음서」는 문의 세계, 철학자가 다스리는 세계라고 했습니다.

여기서도 같습니다. 로물루스가 나타나서는 로마가 이 세상을 지배할 운명이라고 선언하면서, 이를 이루기 위한 핵심 기술로 전쟁의 기술을 개발하라고 지시합니다. 그런데 예수는 부활하고 나서 모든 민족을 "제자로 삼아" 자신이 명령한 모든 것을 "지키도록 가르치라"고 했습니다. 곧 가르침을 통해 세상을 통치하라는 것이지요. 이것은 제가 역시 첫 번째 강의에서 말씀드린 것처럼 그리스의 오래된 정치철학 담론, 누가 이상적인 통치자인가 하는 담론의 배경에서 이해할 수 있습니다. 플라톤에 따르면 이 세상은 '철학자 왕'이 다스리는 것이 좋은데, 철학자 왕이란 크게 두 가지 특징이 있습니다. 하나는 지혜를 사랑하는 사람이고, 두 번째는 검소하고 소박한 삶을 기꺼이 살 수 있는 사람입니다. 소박하고 검소한 삶과 지혜를 사랑한 삶이 철학자, 통치자의 이상입니다. 이 구절을 읽으면 예수가 바로 그러한 통치자임을 잘 이해할 수 있을 것입니다.

생존을 넘어 상징 세계로

「마태복음서」 강의를 마무리할 때가 되었습니다. 「마태복음서」를 쓰고 낭독하고 듣던 사람들은 결코 스스로를 격리하거나 은둔하는 사람들이 아니었습니다. 도리어 시대의 탁류 한가운데에서 세계와 역동적인 관계를 형성하고자 한 사람들이었습니다.

그들을 마태 공동체라고 한다면 마태 공동체는 결코 안온한 삶을 기획하지 않았습니다. 1세기 말 팔레스타인을 포함한, 이른바 로마 지배 체제 아래 살던 대다수 사람들은 크나큰 무력감을 안고 있었습니다. 군사적 폭력, 착취적인 경제 체제, 도처에서 파괴되는 지역 문화, 이에 따른 사회 붕괴와 가정의 해체…… 이런 것들을 무력하게 좌절하며 바라보았을 것입니다. 하늘의 별자리만큼이나 변화무쌍하는 체제라고 여기면서 말입니다. 그러다 자기 삶을 돌아보면 피폐하고 황폐한 현실이 눈앞에 놓여 있었습니다.

하지만 마태 공동체는 그 상황에 좌절하지 않았습니다. 로마 지배 체제의 정당성에 동조하지도 않았습니다. 오히려 마태 공동체는 십자가형을 받은 예수에게서, 그리고 예수가 부활했다는 믿음 속에서 새로운 세계를 봤습니다. 그 믿음이 만들어놓은 상징 세계 속에서 현실을 살아갈 때 결코 주눅 들거나 움츠리지 않았고, 위엄과 품위를 가지고 살았습니다. 지혜를 사랑하고 소박한 삶을 살면서, 세상을 아름답게 꾸며갈 통치자로서의 삶을 구가하려 했던 사람들이 마태 공동체입니다.

「마태복음서」는 바로 그러한 이들이 쓰고, 낭독하고, 듣던 이야기입니다. 현실에서는 피와 고름이 흐릅니다. 채찍에 맞은 피와 그 상처가 채 아물지 않은 채 흘려야만 하는 고름, 만신창이가 된 몸과 마음을 가졌습니다. 그러나 그들은 결코 절망을 내면화하지 않았습니다. 그들은 예수로부터 받은 이야기와 예수의 상징적 퍼포먼스인 기적, 그리고 부활이라는 믿음의 힘으로 버텨내려 했습니다. 신학적이고 신앙적인 자원을 총동원해서 눈앞의 거짓 현실, 폭력의 현실에 맞서서 끝까지 살아내려고 노력했습니다. 나아가 마태 공동체는 단지 생존하기 위해서가 아니라 생존을 넘어서서, 예수가 열어놓은 상징 세계 속으로 모든 사람을 초청한 것입니다.

첫 번째 강의에서 「마태복음서」를 고전이자 교양으로 정의했습니다. 고전이라는 말을 통해서 클래식이 무엇인지, 클라시쿠스가 무엇인지 설명했습니다. 「마태복음서」 전체를 읽고 나면 알게 됩니다. 마태 공동체의 형형한 정신, 신앙적 자원에 힘입어 핍박에 굴하지 않았던 정신이 육화된 책이 「마태복음서」임을 깨닫습니다. 「마태복음서」가 고전일 수밖에 없는 이유입니다.

일견 훨씬 더 강력해 보이는 무(武)의 세계, 폭력의 세계를 온몸으로 거절하고, 신과 예수가 들려주는 세미(細微)한 소리, 비유의 말씀에 귀를 기울인 사람들. 그 말씀에 생명과 인생을 걸었던 사람들. 그들은 「마태복음서」를 보며 살아갈 힘을 얻지 않았을까요.

오늘의 현실은 어떤가요. 많은 사람이 서로를 향해 날을 세우고, 폭력과 모욕을 안기며 생채기를 내는 악순환이 거듭되고 있습니다. 생명이 발가벗긴 채 놓여 있는 듯한 이 차가운 현실 앞에, 「마태복음서」는 변함없이 유효한 이야기를 들려줍니다. 절망을 이겨낼 아름답고 멋진 세상을 펼쳐 보여줍니다. 그래서 저는 오늘 우리에게 「마태복음서」가 고전이자 교양으로 읽힐 수 있다고 생각합니다.

지금까지 강의를 들어주셔서 감사합니다. 함께할 수 있어 행복했습니다. 「마태복음서」에서 예수가 선언한 대로 여러분에게 '복 있기를' 바랍니다.

EBS CLASS ⓔ 시리즈 08

고전으로 읽는 성서
마태복음서

1판 1쇄 발행 2020년 12월 16일

지은이 김학철

펴낸이 김명중 | **콘텐츠기획센터장** 류재호 | **북&렉처프로젝트팀장** 유규오
북매니저 최재진 | **렉처팀** 이규대, 이예리, 김양희, 박한솔 | **마케팅** 김효정

책임편집 정진라 | **디자인** 오하라 | **인쇄** 상식문화

펴낸곳 한국교육방송공사(EBS)
출판신고 2001년 1월 8일 제2017-000193호
주소 경기도 고양시 일산동구 한류월드로 281
대표전화 1588-1580 **홈페이지** www.ebs.co.kr

ISBN 978-89-547-5615-0 04300
　　　　978-89-547-5388-3 (세트)

ⓒ 2020, 김학철